원격 리더십

원격 리더십

- 원격 리더십의 19가지 원칙

케빈 아이켄베리.웨인 터멜 지음 │ 임채곤 옮김

VITAL Leadership solutions 바이탈경영교육원 www.vital.co.kr

▌추천의 글 ▌

"케빈 아이켄베리(Kevin Eikenberry)와 웨인 터멜(Wayne Turmel)이 오늘날 현업에 적용될 원격 리더십에 관한 최고의 가이드 북을 저술했다. 현업 리더들의 사례를 바탕으로, 이 '원격 리더십' 책은 원격 리더가 직면하는 가장 큰 어려움, 즉 소통 툴의 활용에서부터 효과적인 원격 코칭, 성과 달성, 원격 근무에서의 신뢰 구축에 이르기까지 모든 것을 안내하는 19가지 원칙을 제시하고 있다. 비록 지금 원격 리더가 아닌 사람이라도, 이 책을 통해 많은 도움을 받을 수 있을 것이다. 저자들이 근거를 가지고 주장하고 있고, 또 조사 결과가 뒷받침하고 있는 바와 같이, '리더십이 먼저이고, 근무 장소는 다음이다' 라고 생각해야 한다.' 관련 사례들과 실천 지혜, 그리고 성찰과 실천에 대한 질문들은 당신과 직원들이 원격 근무를 하든, 하지 않든, 당신의 리더십 향상에 도움이 될 것이다."
  – 짐 쿠제스(Jim Kouzes), 베스트셀러 '리더십 챌린지'의 공동 저자, 산타클라라 대학교
      경영대학원장

"드디어, 원격 리더의 어려움에 대처할 목적의 탁월한 리더십 책이 출간되었다. 원격 리더십에 대한 수요 증가와 함께 그에 따르는 도전에 직면하게 되는 모든 리더들이 꼭 읽어야 할 책이다. 세계적으로 점점 더 많은 조직에서 리더십의 어려움에 직면하는 시기에, 이 책은 당신 조직의 모든 리더들이 숙지하기를 원할 사려 깊고, 실용적인 지침을 제공한다."
  – 데이비드 랄스톤(David Ralston), 미국 예비역 육군 소장

"조직의 중간 리더들에게 추천할 만한 책이다. 자신의 리더십 스킬 수준을 평가해 보고, 목표를 세우고, 자기 상사와 멘토들과 함께 리더십 향상을 할 수 있게 될 것이다. 나는 특히 ' 상황 확인(check-in)' 관련 내용이 좋다. 나는 내 프로그램 참여자들이, 비록 1년에 한번 정도 자기 상사를 대면하는 상황일지라도, 자신들의 의견이 반영되고, 또 자신들이 존중 받고 있다는 생각 때문에 성과를 증대시켜 가는 것을 본다. 곧 원격 리더로서 성공할 실용적인 접근법에 관한 책이다. 우리 모두는 오늘날 어떤 리더십 스킬에 집중할 것인가를 생각해 봐야 할 것이다."
  – 엘리시아 데이비스(Alicia Davis), Dell Inc. 의 국제금융 연수 담당 이사

"21세기의 매우 복잡한 세계에서 영향력을 행사하기로 결단한 리더들은 이 원격 리더십 책의 통찰력과 원칙에서 큰 도움을 얻을 수 있을 것이다.
 - 더그 코넌트(Doug Conant), Kellogg Executive Leadership Institute 회장

"리더십은 쉽지 않다. 원격 근무를 할 경우에는 새로운 어려움이 추가 된다. 이 책의 실용적인 조언은 독자들에게 원격 근무를 하는 직원을 성공적으로 리드하는데 필요한 엣지(edge)를 알려 준다. 많은 리더들이 의사소통에 어려움을 겪고 있는데, 만일 원격 근무를 하는 직원까지 있다면, 더 어려워진다. 이 책에 수록된 툴은 원격 근무 직원들의 경쟁력 있는 성과 창출과 함께, 더 나은 리더가 되기 위해 필요한 것들을 제공한다."
 - 마르시어 반 노트(Marcie Van Note), Mount Mercy University MBA 담당 이사

"웨인과 케빈의 책은 독자들에게 어떤 상황에서도 적용할 수 있는 확고한 리더십의 기초를 제공하고, 더불어 원격 리더십 관련해서도 제공한다. 이 책은 당신이 원격 리더십이라는 미로 속을 항해할 수 있도록 도와줄 각종 상황에 맞게 원칙을 적용시키는 방법과, 주의를 환기시키는 교훈들로 가득하다. 나는 특히 웨인과 케빈이 서로 협업하는 방식을 밝히는 토막 정보들을 인상 깊게 읽었다. 그 부분은 그들의 매우 실제적이고도, 구체적인 적용 방법을 알게 해 주었다. 이 책을 통해서 구체적 방법을 배우고, 당신에게 던지는 질문을 숙고해 볼 것을 권한다."
 - 데이비드 징거(David Zinger), Employee Engagement Network 설립자 겸 진행자

"탁월한 책이 딱 맞는 시기에 나왔다. '관리(managing)'하는 것에서 '리딩(leading)'하는 것으로 역점을 옮기는 것이, 우리 사업의 모든 것이 하룻밤 사이에 바뀔 수 있는 요즘 보다 더 적합한 때가 없었다. 매니저는 사람들을 관리하고, 리더는 훌륭한 사람들을 채용하여, 그들을 신뢰하고, 그들로 하여금 놀라운 결과를 창출하게 한다."
 - 앤 앤드류(Ann Andrews), 'Lessons In Leadership' 저자

Contents

원격 리더십의 19가지 원칙

1. 리더십을 먼저 생각해야 하고, 근무 장소는 그 다음이다.

2. 원격 리더십은 일반 리더십과는 차이가 있다는 것을 받아들인다.

3. 원격 근무를 하면, 대인관계의 역동성이 바뀐다는 것을 이해한다.

4. 디지털 소통 툴을 장애물이나 핑계거리가 아닌, 소통 수단으로 활용한다.

5. 3가지 초점 즉, 성과. 직원. 리더 자신에 맞춰서 리더십을 발휘한다.

6. 리더로서 성공하려면, 여러 종류의 성과를 달성해야 한다.

7. 목표 설정에 그치지 말고, 그것을 달성하는 데에 역점을 둔다.

8. 직원들이 원격 근무를 하더라도, 코칭을 효과적으로 해야 한다.

9. 리더 자신의 선호 보다는 직원 업무에 적합한 소통 툴을 사용한다.

10. 직원들의 행동뿐만이 아니라, 무슨 생각을 하고 있는가를 이해한다.

11. 원격 근무에서의 신뢰 관계는 우연히 구축되는 것이 아니다.

12. 어떤 결과가 나와야 하는가를 먼저 파악한 후에 소통 방법을 선정한다.

13. 소통 툴 활용도를 최대로 높이지 않으면, 업무 효과는 최소화 된다.

14. 피드백을 요청하여, 성과. 직원. 리더 자신에게 도움이 되도록 한다.

15. 자신의 신념을 점검해 봐야 한다. 이것이 리딩 방법을 결정한다.

16. 리더 혼자서 모든 것을 할 수 없다는 것을 받아들인다.

17. 탁월한 원격 리더가 될 수 있도록 균형 잡힌 우선순위를 정한다.

18. 리더십 역량을 개발하는 것은 원격 리더가 되기 위한 사전 준비이다.

19. 위의 원칙을 모두 지키지 못했다면, 원칙1을 기억한다.

서문

우리의 전제:

『원격 팀을 이끄는 일에서 무엇보다도 중요한 것은 리더십이며, 리더십의 원칙은 바뀌지 않는다. 달라지는 것은 직원들이 다른 장소에서, 다른 시간대에 근무하고 있다는 점이다. 이러한 변화를 고려할 때, 우리가 새로운 상황에서 리더십 원칙을 어떻게 적용하느냐는 원격 근무를 하는 직원, 리더, 그리고 조직을 위해서 매우 중요하다.』

원격 근무를 하는 직원들을 리드할 때, 물리적 한계로 인해 리더십에서도 조정해야 하는 부분들이 있는 반면, 변하지 않는 원칙들이 있다. 우리는 이 두가지 특성 – *바뀌지 않는 원칙과 상황에 따라 바뀌어야 할 부분* – 을 함께 설명하면서, 그 차이를 이해할 수 있도록 도울 것이다.

이 책의 본래 내용에 들어가기 전에, 몇 가지 명확하게 해 둘 것이 있다.

리더십이란 무엇인가?

그 어느 때보다 리더십에 대해 많은 주장들이 나오고 있다. 우리가 '원격 리더십'을 설명하기에 앞서, 우리가 믿는 리더십의 정의를 다음과 같이 규정하고자 한다.

리더십은 원하는 결과를 이루기 위해 사람들이 누군가를 따르기로 선택할 때 나타나는 것이다. 그러므로 사람들이 당신을 따르고 있을 때에만, 리딩을 한다고 볼 수 있다.

이 짧은 두 문장에는 많은 내용이 내포되어 있다. 리더십에 대한 진실과 오해에 관한 이야기를 좀 더 살펴보도록 하자.

리더십은 복잡하다.

NASA의 리더들(이른바, 로켓 과학자들))을 방문했을 때, 케빈(Kevin)은 그들에게 우주 과학과 리더십 중 어느 것이 더 어려운가를 질문했었다. 답변은 즉각적이었다. 그들은 명확하고도 단호하게 리더십이라고 했다. 로켓을 만드는 분야에서는, 정확한 답을 찾을 수 있다고 했다; 그들은 적용할 공식들을 알고 있는 것이다. 적절한 타이밍에 적합한 공식에 적절한 숫자를 대입하면(계산 오류가 없도록 확인하고), 원하는 결과를 얻을 수 있다고 말했다.

NASA의 리더들에게 케빈은 우주 과학과 리더십 중
어느 것이 더 어려운가 질문했었다.
답변은 즉각적이었다. 명확하고도 단호하게 리더십이라고 했다.

그러나 리더는 사람들을 대상으로 하며, 사람들은 기계보다 본질적으로 더 복잡하다. 그리고 사람 간의 문제들은, 아마도 로켓을 궤도로 올려 보내는 것만큼 극적이지는 않을지라도, 훨씬 더 역동적이며, 또 흑백으로 분명히 나눌 수 있는 경우가 드물다. 리더십은 쉽지도 단순하지도 않다. 그리고 우주 과학과 마찬가지로, 숙련되기까지는 학습과 연습이 필요하다. 게다가 원격 근무를 하는 사람들을 리드해야 된다면, 이것은 훨씬 더 복잡해진다.

리더십은 행동이다.

리더십은 보편적으로 "리더"라고 부르는 어떤 사람의 행동이나 역할을 의미한다. 사전에는 '리더십'이 명사로 되어 있지만, 리더십을 정의하는 행동인 '리딩'은 동사다. 리더십은 우리가 가지고 있는 뭔가를 말하는 것이 아니다;

그것은 우리가 하는 행동을 의미하는 것이다. 리더십을 평가할 때는 리더가 취하는 조치와 행동에 대해 생각해 보라. 이 책의 요점은 다음 질문에 답하는 것이다.

즉, '팀(특히 원격 근무 팀)이 더 나은 성과를 창출하도록 돕기 위해 리더가 해야 할 조치와 행동은 무엇인가?'

그리고 리더십이 행동을 의미한다는 점은, 직책이나 직위로 인해 얻는 것이 아니라는 의미이다. 직원들이 리더를 진심으로 따라야 한다. 직위가 높고 책상과 사무실이 크다고 해서 다른 사람들이 따를 것이라는 보장은 없다. 만약 직원들이 따르지 않는다면, 리딩을 하는 것이 아니다.

이런 경우를 생각해 보자: 리더 직책은 갖고 있으나 리더 역할은 하지 않는 사람을 봤거나, 그런 사람과 함께 일했던 경험은 없는가? 반대로, 리더의 직책에 있지 않거나 혹은 그 직책을 원하지 않는 사람이지만, 사람들은 그를 따르는 경우도 있다. 리더를 결정짓는 것은 직책이 아니라, 행동이다.

리더십은 책임이다.

공식적 또는 비공식적인 리더 역할을 하게 되었을 때를 떠올려 보자. 당신은 상당한 책임을 부여 받은 것이다. 만약 맡은 직책이 CEO나 사업부장이라면, 그 책임이 당연한 것으로 여겨질지 모른다. 그러나 현장 리더라 하더라도 그 책임은 막중하다. 이런 경우를 생각해 보자: 직원들의 가장 가까운 가족이나 친구들 외에 그들의 삶에 가장 영향을 끼치는 사람은 현장 리더다. 리더는 직원들의 승진, 근무 환경(설령 리더가 직원들과 같은 장소에서 근무하지 않더라도), 겪게 되는 스트레스 수준, 직장에서 느끼는 만족도 등 여러 가지에 영향을 미친다.

직원들은 리더가 나아가려는 방향을 바라보며, 그 뒤를 따른다. 그러므로 리더는 개인의 성과 창출 이상의 것에 대한 책임을 지고 있는 것이다. 리더가 향하고 있는 방향이 유용하고 가치 있는지 확인해야 한다. 이 책임을 무시하려고 해도 여전히 이 역할의 중요성은 바뀌지 않을 것이다.

게다가 리더십은 리더에게 책임을 부여하지만, 영향력을 갖게 하는 것은 아니다. 직원들이 리더에게 '힘'을 부여할 마음이 들도록 하는 행동은 그냥 원한다고 저절로 나오는 것이 아니다. 그것은 다른 사람들을 섬기려는 리더의 꾸준하고 끈질긴 노력에서 비롯된다. 권력을 잡거나 권위를 내세우기에 몰두하고 있다면, 직원들을 리드하는 것이 아니다. 이 책에서 배우는 방법으로 리드한다면, 아마도 더 큰 "힘(power)"이 리더에게 주어질 것이다.

리더십은 기회다.

리더십이 발휘되지 않고는 긍정적인 일이 일어날 수 없다. 변화를 일으킬 수 있는 기회는 흥미진진하고도 대단한 것이다. 자신의 팀이나 조직의 성과 향상을 계획하든, 자신이 속한 지역사회나 세상을 바꿀 계획을 하든, 그것을 실행하는 데는 모두 리더십이 필요하다. 리더가 바람직한 행동들을 보여주고 있다면, 세상을 변화시킬 새로운 결과를 만들어내기 위해 적극적으로 노력하고 있는 것이다. 이것보다 더 큰 기회는 있을 수 없다. 리더에게는 변화를 만들 기회가 항상 열려 있다는 것을 기억하라. 리더가 원격 근무 직원들과 그런 좋은 변화를 만들 수 있도록 도와주는 것이 우리가 이 책을 쓴 목적이기도 하다.

리더십은 타고나는 것이 아니다.

어떤 사람들은 리더십 역량을 많이 가지고 태어나고, 어떤 사람들은 적게 갖는 것이 아니다. 우리 모두는 매우 훌륭한 리더가 될 독특한 소질들을 갖고 태어난다. 리더로서 유리한 자질이 될 선천적인 강점을 더 많이 가지고 태어나는 사람들도 있는가? 물론 그렇다. 그러나 비록 그들의 것과 다른 유형의 강점일지라도 누구에게나 독특한 강점이 있다. 하지만, 우리가 자신이 가진 강점을 잘 활용하지 않거나, 우리에게 부족한 부분을 개선하려고 노력하지 않는다면, 그 어떤 강점도 쓸모가 없다. 잠재력을 사장시키는 것 보다 더 안타까운 일은 없을 것이다. 성공적인 리더십을 갖기 위해서는 타고난 것에 의존하기 보다는 학습을 통해 그것을 향상시키는 것이 더 중요하다.

리더십은 관리와 다르다.

관리 스킬은 계획, 프로세스, 예산, 문제해결과 같은 것에 초점을 둔다. 반면 리더십은 사람, 비전, 영향력, 방향, 역량 개발에 초점을 맞춘다. 둘 다 가치 있는 스킬이고, 리더로서 성공하기 위해서는 두 가지 스킬 모두 필요할 것이다. 관리 스킬을 과소 평가하는 것은 아니지만, 지금 읽고 있는 책의 제목이 원격 관리가 아닌 '원격 리더십'이다. 우리는 이 책 전반에 걸쳐 리더십에 초점을 맞출 것이다. 이 두 가지 스킬은 분명하게 서로 차이가 나는 것이지만, 겉으로는 뚜렷하게 드러나지 않는다: 그림 1과 같이 두 가지 스킬을 겹치는 두 개의 원이라고 하면, 훌륭한 리더라고 해서 반드시 훌륭한 관리자인 것은 아니며, 반대의 경우도 마찬가지다.

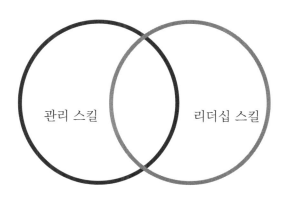

그림1. 리더가 갖추어야 할 두 가지 스킬

리더십과 관리 스킬의 차이를 살펴보기 위해, 아래 리스트를 비교해 보자.

관리(Management) 스킬	리더십(Leadership) 스킬
일을 올바르게 함(Doing things right)	올바른 일을 함(Doing the right things)
세부사항에 관여(Attending to details)	큰 그림을 생각(Think the big picture)
업무에 초점(Focusing on the business)	사람에 초점(Focusing on people)
유지(Maintaining)	변화 창조(Creating change)
지시(Directing)	비전 제시(Providing vision)
협력(Coordinating)	협업(Collaborating)
계획 수립(Planning)	코칭(Coaching)
예측(Forecasting)	가이드(Guiding)
예산 수립(Budgeting)	소통(Communicating)
자원 확보(Sourcing)	팀 빌딩(Team building)
문제 해결(Problem solving)	지원(Supporting)
과제 설정(Setting objectives)	목표 설정(Setting goals)
전술적(Being tactical)	전략적(Being strategic)
프로세스에 초점(Focusing on processes)	격려(Encouraging)
점진적 개선(Incremental improvement)	목적 있는 파괴(Purposeful disruption)

이 리스트에 필요한 스킬 모두를 포함하고 있지는 않지만, 두 리스트에 있는 스킬은 모두 중요하며, 최선을 다해야만 이것을 갖출 수 있다. 이 두 리스트를 보면, 스킬이 서로 다르다는 우리의 주장을 이해할 수 있을 것이다. 이 책에서는 리더십에 있는 몇 가지 스킬에 대해 자세히 다룰 것이지만, 관리 스킬에 있는 것은 거의 다루지 않을 것이다.

이 책은 원격 리더십에 관한 것임을 기억하자. 곧 우리가 원격으로 리드할 때, '어떤 변화가 필요한지'에 대한 맥락 제공에 기반이 되는 리더십 원칙을 이야기할 것이다. 이 책은 리더십의 전반을 다루고 있는 것은 아니므로. 만약 그런 것을 원하고 있다면, 책을 잘못 선정했다고 할 수 있다. 리더십에 관해 더 깊은 이론적 이해를 원한다면, 240페이지에 추천 도서 리스트가 있다.

이와 같은 명확한 토대를 가지고, 앞으로 본격적으로 학습을 시작하겠다. 그 동안 원격 리더십에 대해 우리가 파악한 내용들, 현재 알아가고 있는 내용들에 대해 살펴 보기로 하자.

성찰과 실천

☞ 리더십이 무엇이라고 생각하는가?

☞ 현재 발휘하고 있는 '관리 스킬'과 '리더십 스킬'의 비율과 바람직한 비율은 각각 어느 정도라고 생각하는가?

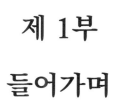

제 1부

들어가며

1장
/ 원격 리더십에 대한 조사 결과 /

원칙 1. 리더십을 먼저 생각해야 하고, 근무 장소는 그 다음이다.

사람을 관리해서 전쟁터로 가라고 할 수는 없다.
물건은 관리를 하고, 사람은 리드를 해야 한다.
―그레이스 호퍼 제독

빈틈 없는 리더로서 5년 동안 팀장 역할을 담당해 왔던 사람이 있었다. 최근 일주일에 2~3일씩 재택근무 하는 직원들이 생겼다. 겉보기에는 괜찮아 보이지만, 이 팀장은 자신이 뭔가 놓치고 있는 것은 없는지, 혹은 앞으로 예상치 못한 일이 일어날까 봐 걱정이 많다. 그는 그 어느 때보다도 자신의 의사결정에 대해 비판적이게 되었으며, 자신이 하는 의사결정에 대한 자신감이 많이 떨어졌다. 이 팀장은 "지금까지는 그럭저럭 해 왔지만, 이게 얼마나 유지될 것인가?" 불안하다고 말한다. 이 팀장과 같은 사람들이 요즘 늘어나고 있다.

그런대로 "괜찮은 정도"이거나, "실패하지는 않는다"는 것으로는 결코 만족할 수 없다는 것에 동의할 것이다; 이 책을 읽는 그 누구도 평범한 리더가 되고 싶지는 않을 것이다. 뛰어난 리더가 되고 싶을 것이고, 가능한 지금보다 스트레스는 적게 받으면서 그렇게 되고 싶을 것이다.

원격 리더들이 직면하고 있는 일상적인 문제들을 살펴보기 시작했을 때, 지난 몇 년 동안 우리가 서비스를 제공했던 수십 개의 조직과 수천 명의 사람들로부터 우리는 무엇을 발견할 수 있을 것인지 꽤 잘 파악하고 있었다. 우리는 여러 가지 현상들을 데이터화하고, 그 데이터를 통해 우리의 가정을 확인하고 싶었다. 이 아이디어는 원격 리더십 설문 조사로 이어졌다.

직원 중 일부가 원격 근무를 하는 225명의 리더를 대상으로 2017년에 설문조사를 실시하였다.[1] 물론, 표본수는 크지 않지만, 그 결과는 우리가 매일 듣고 있는 것을 그대로 보여주고 있었다. 충격적인 결과나 의외의 데이터는 찾을 수가 없었다. 우리가 발견한 것은 원격 리더들의 어려움 또한 리더들이 어떤 상황에서나 겪는 어려움과 비슷하게 나타났다는 점이다. 대다수의 리더들은 현재 상황이 그런대로 괜찮다고 했다. 완벽하지는 않지만(상황은 항상 더 좋아질 수 있는 것이니까), 파탄이 날 정도의 끔찍한 상황은 아니라고 했다. 또한 시간제 재택근무가 증가하고, 기업이 재택근무로 점차 전환해 가면서, 우리가 발견한 문제점은 증가할 것이라는 징후도 있었다.

이 조사는 사람들 사이의 물리적 거리, 그리고 그 거리상의 문제를 해결하기 위한 테크놀로지 사용으로 인해 발생하는 문제들을 집중해서 다루고 있다. 곧 알게 되겠지만, 이것은 매우 타당한 시도이며, 우리가 고객들과 경험한 것이 특이한 것이 아니라는 것을 확인시켜 주었다. 이 자료는 리더들이 새로운 업무 방식에 대비하고, 그 업무를 잘 수행하는 데 필요한 스킬을 개발하는 데 도움을 주기 위해 무엇을 해야 될 것인가를 알려주고 있다.

다음이 우리가 파악한 것이다.

조사 대상

■ 설문에 참여한 리더들은 여러 산업 분야와 기관을 포함하여 다양하게 분포되어 있다. 정부 부처와 세일즈 분야가 각각 11~12%를 차지했

다. 그리고 7개의 다른 분야가 있었고, 응답자의 46%는 '기타'로 나타났다. 이것은 중요한 포인트다. 즉, 이제 비대면으로 리드하는 것이 특정 산업이나 분야에 국한되지 않고, 이미 우리 삶의 일부라는 사실이다.

■ 팀의 규모는 서로 다르다. 조사 대상자 중 절반 이상이 10명 이상 팀이었고, 25%가 2~5명, 21%가 6~10명 이었다(그림 2). 이것은 같은 장소에서 근무하는 팀의 평균 직원수보다 약간 많은 것이며, 앞으로 비대면으로 더 많은 직원을 리드하게 된다는 새로운 추세를 보여주는 것이다. 이러한 추세는 비대면으로 리드하는 어려움을 더 심화시킬 것이다.

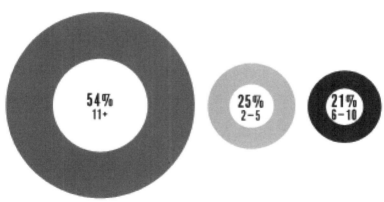

그림2. 원격 팀의 규모

■ "원격 근무팀"이라고 해서 '모든' 팀원이 각각 다른 곳에서 일하는 것은 아니다. 우리는 종종 팀의 형태를 완전히 서로 떨어져서(모든 사람이 바람에 흩어지듯이) 근무하는 원격 팀이거나, 모두 같은 장소에 있을 것이라고 생각한다. 실제로 70%가 넘는 리더가 같은 사무실 근무 직

원과 원격 근무 직원이 함께 있는 '하이브리드' 팀이라고 응답했다. 나머지 30%는 전체 혹은 대부분이 원격 근무자인 팀이었다(그림3). 이것이 현재 가장 빠르게 확산되고 있는 근무 형태이다. 지금 이러한 변화에 대처하지 못하면, 앞으로 많은 어려움을 겪게 될 것이다.

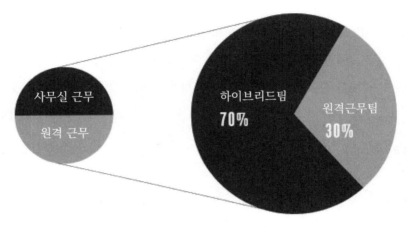

사무실 근무

원격 근무

하이브리드팀
70%

원격근무팀
30%

그림3. 원격 근무 팀 구성

■ 그 밖에, 응답자의 60%는 남성, 40%는 여성이었고, 그들은 경험이 풍부한 집단이었다: 34%는 40~49세, 37%는 50~59세였다. 놀랍게도 19%는 60세가 넘었다. 이들 중 78%가 8년 이상 리더 역할을 해왔기 때문에 그들은 연령이 높은 편이었다. 이것은 중요한 점을 확인시켜 주었는데, 리더 경험이 많다고 해서 원격 리더로의 전환이 쉬워지는 것 같지는 않았다.

원격 근무 팀은 어떠했나?

우리는 여러 산업 분야에 걸쳐 경험이 많은 리더들과 접촉했다. 하지만 우리가 "잘 되어가느냐?"라고 물었을 때, 그 대답은 이상하게도 비슷했다. 여기 몇 가지 예가 있다.

- 절반 이상이 자신들은 "업무를 차질없이 완수한다"고 했고, 그들 외에 추가로 28%가 자신의 팀은 "매우 생산적"이라고 응답했다. '무엇이 생산성에 방해가 되는가?'라는 질문에 10%는 '원격 근무 직원의 문제', 4%는 '사무실 직원'의 문제라고 하였고, 69%는 방해가 되는 문제가 없거나 문제의 원인을 파악하기 어렵다고 응답했다.

- 신뢰에 관한 평가는 생산성에 대한 평가보다 좀 낮은 수준으로 나타났다. 대부분의 리더는 신뢰 수준(리더와 직원, 그리고 직원들 사이)이 괜찮은 편이라고 말했지만, 조사 중의 다른 부문보다 이 신뢰 부분에서 드러나는 문제점들이 많았다. 응답자들 대부분은 신뢰 수준이 나쁘지 않다고 말하지만, 그들의 생각과 현실 사이에는 격차가 있어서 해결하지 않으면 안될 정도였다.

가장 많이 염려하는 것은?

마지막으로 이 리더들이 직면한 어려움에 대해 구체적인 질문을 했다. 원격 리더들이 자주 자신에게 자문해 보는 일반적인 질문 4가지와 그것에 대해 우리가 받은 피드백은 아래(그림4)에 있다.

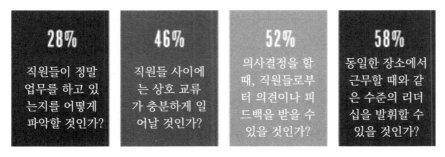

그림4. 원격 리더의 가장 큰 염려

첫 번째 질문은 원격 근무가 처음 도입되었을 때든지, 노조 활동에 대한 규제가 심한 환경, 정부 조직 등 전통적으로 신뢰도가 낮은 조직이나 산업에서 가장 자주 제기된다. 우리의 경험에 비추어 볼 때, 고위 리더들은 직원들이 근무 시간에 정확하게 무엇을 하고 있는가에 대해 지나치게 염려한다. 직속 리더들은 더 개인적인 문제인, 나머지 세 가지 질문에 대해 더 염려한다는 것에 주목하자.

걱정거리는 무엇인가?

겉으로는 모든 것이 대체로 괜찮은 것처럼 들린다. 리더들이 자기 직원들에 대해 나쁜 평가를 하지 않는다는 것을 앞에서 보았다. 그리고 업무는 차질 없이 수행되고 있다고 했다. 그럼 뭐가 문제인가? 그들이 언급한 글들을 읽어보면, 그들의 말과 생각에 차이가 있다는 것을 볼 수 있고, 그것이 바로 우리가 매일 듣는, 그들의 걱정거리이다.

- "직원들이 세계 곳곳에 흩어져 있으니, '컴퓨터를 끄는 것'은 불가능해. 나는 휴일도 없이 1년 내내 24시간 연결되어 있어."

- "회의가 효율적이지 못해. 회의 중에 나가버리는 사람이 많고, 참여도 적극적으로 하지 않아."

- "원격 근무자와 사무실 근무자들 사이에 분열이 생기고 있어."

- "업무상의 문제가 크지기 전에 일찍 발견하기가 어려워."

- "우리는 명확하고 범위가 정해진 일은 잘 해. 그러나 새로운 아이디어를 내놓거나, 돌발상황을 다루거나, 새로운 것을 실행하는 데는 문제가 있어."

- "긴급한 것 vs 중요한 것 중 어디에 초점을 맞출 것인가를 결정하기가 어려울 때, 직원들의 생각은 어떤지 알 수가 없어".

앞으로 계속 진행하면서 더 많은 의견과 사례들을 제시하겠지만, 여기서는 다음과 같은 것을 알 수 있다.

- 리더들은 더 긴 시간 동안, 더 열심히 일을 함으로써, 이 새로운 근무 환경에서 적응해 가고 있다. 노력을 통해서 원격 리더로 성공하고 싶은 욕구를 달성하려는 것이다. 그러나 우리는 리더가 많은 일을 해서 해결하는 방식보다 더 효과적인 방법이 있다고 믿는다.

- 많은 조직에서 원격 근무를 시작하고 있으며, 또 원격 리더들을 교육시키고 있기는 하지만, 그들의 노력은 현실을 따라잡지 못하고 있다. 리더들은 자신의 직관에 따라 최선을 다하고 있을 뿐, 회사의 기존 교육이나 일반 경영 서적을 통해서는 필요한 도움을 받지 못하고 있다.

- 리더들은 스스로에 대한 자신감이 부족하다. "확신할 수 없다." 거나 "염려된다."와 같은 말을 자주 한다. 이러한 불확실성은 업무 효율을 저해하고, 새롭고 낯선 업무 환경에 대한 스트레스를 가중시킨다.

- 경력이 많은 리더들은 때때로 소통 툴 때문에 어려움을 겪게 된다. 심리학자 진 트웬지(Jean Twenge)가 자신의 책 iGen(i세대)에서 말했듯이, 이 리더들은 테크놀로지에 익숙하지 않다.[2] 그들의 성공을 가능케 했던 이전 방식 중 많은 것들이 여전히 유효하지만, 그들은 마치 한쪽 손을 묶인 채로 더 젊고 테크놀로지에 익숙한 직원들과 연결되기 위해 애쓰고 있다는 느낌을 받는다.

- 일반적으로 신임 리더들은 테크놀로지를 활용하는 데는 자유롭지만, 기본적 리더십 역량은 부족한 경우가 많다.

기억해야 할 중요한 사항

앞으로 이 책을 읽으면서, 다음과 같은 몇 가지 중요한 사항들을 기억해야 한다.

- 원격 리더십은 점차 보편화 되어 가고 있지만, 이미 존재하고 있었다. 그것은 잘 발휘될 수 있고, 당신도 잘 해 낼 수 있다.

- 원격 리더십도 일반 리더십과 마찬가지로 리드하는 것이다. 따라서 일반 리더십과 공통적인 부분이 많지만, 리더 자신과 팀이 성공하려면, 그 차이점을 인정하고 해결해야 한다.

- 원격 근무에서의 의사소통, 영향력 발휘, 업무관계 구축, 직원을 참여 시키는 데 필요한 스킬은 조직 안에서 배우고 발전시켜 나갈 수 있다. 그러나 비대면 업무 관계의 역동성을 이해하고, 부족한 스킬이 무엇인지 알고, 또 그것을 채우려고 열심히 노력할 때에만 가능하다.

- 도움이 필요한 사람은 당신뿐만 아니다. 당신으로 하여금 이 책을 읽도록 만든 바로 그 질문, 의구심, 염려는 다른 수많은 똑똑하고, 재능 있고, 헌신적이며, 그리고 지친 리더들에게도 동일하게 어려운 문제이다.

성찰과 실천

☞ 원격으로 리드하는 것에 대한 가장 큰 염려나 어려움은 무엇인가?

☞ 이러한 염려나 어려움을 어떻게 극복할 수 있겠는가?

2장

█ 원격 리더십 습득의 필요성 █

원칙 2. 원격 리더십은 일반 리더십과는 차이가 있다는 것을 받아들인다.

왕관을 쓴 머리는 편하게 있지 못하기 마련이다.
— 세익스피어, 헨리4세 파트2

리더 역할은 언제나 간단한 일이 아니었다. 성공적인 리더가 되기 위해, 당신의(당신 조직의) 목표를 달성하기 위해, 당신 직원들이 원하는 것을 이룰 수 있도록 돕기 위해, 부단히 노력해야 하는 것은 한결같다. 리더 역할은 힘든 일이지만, 당신은 이미 그 역할을 맡았으니, 돌파해 가야 한다.

3년차 팀장의 이야기이다. 처음 팀장이 되었을 때는 모든 팀원들이 한 사무실에서 근무했고, 그들이 하는 활동의 대부분은 사무실을 중심으로 이루어지고 있었다. 2년 전부터는 기상 악화의 경우, 또는 어린 자녀가 아프거나 해서 긴급한 상황이 되면, 재택근무를 할 수 있도록 허락하는 정도였었는데, 지금은 팀원의 절반이 적어도 일주일에 2~3일은 재택근무를 하고 있다.

팀장에게는 이런 상황에 대한 계획도 없었고, 표준화된 프로세스도 없으며, 따라서 팀장은 항상 모든 일을 대면으로 했던 방식으로 리드하고 있다. 또한, 다양한 소통 툴 사용을 좋아하지 않아서, 이메일에 의존하고 있다. 회의 또한 모든 팀원들이 함께 모일 수 있을 때까지 팀 회의를 미루곤 했는데, 그렇지 않으면, 참석 못 하는 팀원들이 있기 때문이다. 이렇게 하니까, 정보를 뒤늦게 알게 되는 경우가 발생해서 불만을 갖는 팀원들도 있다. 팀장은 어떻게 하는 것이 좋을지 고민스럽다.

리더들은 오늘날의 업무 방식의 도전(특히 원격 근무와 소통 툴)을 무시하고, 이전에 효과적이라고 생각하던 방식을 따라 하기 쉽다. 징기스칸은 세계의 절반을 지배했었지만, WebEx 미팅은 한 번도 하지 않았다. 빅토리아 여왕의 대영제국에는 해가 지지 않았지만, 전화 회의를 했다는 기록은 없다. 하지만, 우리가 새로운 소통 수단을 활용해서 더 효과적이고, 생산적이며, 스트레스를 적게 받으면서 역할을 수행하지 못할 이유가 없다. 문제를 회피하거나 축소한다고 해서 직원들이 함께 일하는 방식과 리더들이 소통하는 방식에 근본적인 변화가 생겼다는 사실을 바꾸지는 못한다. 앞 사례의 팀장이 고민했듯이(이 팀장의 회사는 아직 대처하지 못하고 있지만), 이러한 변화는 리더십 방식, 마음가짐, 그리고 성과에 많은 영향을 끼친다.

칭기스칸이 명령을 전달할 때는 그의 앞에는 명령을 주의 깊게 기록한 다음 그 명령들을 아래로 전달하는 전문 관리들이 있었다. 당신의 경우는 어떠한가? 프로젝트 팀에 전달해야 할 사항이 있을 때, 당신 앞에 줄지어 있는 빈 책상들을 바라보며(또는 커피숍에서 낯선 사람들을 바라보며), 팀원들이 내용을 이해할지, 혹은 지침에 맞게 따라줄지 마음 졸이며 휴대폰에 전달 사항을 작성하는 경우는 없는가?

예전부터 리더의 자리는 항상 외로운 것이었겠지만, 지금의 리더는 말 그대로, 물리적으로 직원들과 멀리 떨어져서 보내는 경우가 있다. 빅토리아 여왕이 "지금 재미가 없다"고 투덜거렸을 때, 그 말을 듣는 사람이 여왕의 기분을 살피면서 실제 여왕 앞에 서 있었다. 그때 그들은 이모티콘을 사용해서 난감한 상황을 슬쩍 모면할 방법이 없었다.

지난 25여 년에 걸쳐 업무 환경은 크게 변했다. 이전의 업무 환경에 관한 몇 가지 사례들을 살펴보면,

- *리더가 직접 문서를 작성하는 경우는 매우 드물었다.* 일정 수준 이상의 대부분 조직에서는 문서는 비서, 사무직원, 또는 전문적으로 훈련받은 사람들에 의해 작성되었고, 발송되기 전에는 최소한 누군가의 감수를 거쳤다. "보내기" 또는 "전체회신" 키를 누르는 경우는 없었다.

- *이메일은 대부분의 사람들이 갖고 있지 않았다.* 독자 중에는 아마도 첫 이메일을 보냈던 때를 기억하는 사람도 있을 것이다. 지금은 컴퓨터나 스마트폰을 통하지 않고는 자료를 볼 수가 없다. 그리고 당신이 이메일로 보낸 자료를 상대방이 받아 볼 것이라는 보장도 없다. 지금은 컴퓨터가 비즈니스 커뮤니케이션의 주요 수단이 되었고, 가장 큰 불만을 야기하는 도구가 되기도 했다.

- *비대면 의사소통은 대부분 전화로 이루어졌다.* 15년 전만 해도 사람들이 이메일을 읽거나 작성하는 데 보내는 시간보다 전화 통화로 보내는 시간이 훨씬 많았다. 이제는 사용 시간이 역전되었고, 그 추세가 이어지고 있다.

- *대부분의 리더들은 자기 직원들과 같은 장소, 또는 쉽게 만날 수 있는 거리에서 일을 했다.* 대기업의 일정 직위 이상의 사람들만이 원격 관리에 대해 신경을 썼다. 리더십 개발 교육에는 대면 접촉이 많이 요구되었다. 그것은 오늘날 현실과는 맞지 않을지도 모른다, 그래서 대부분의 리더들은 원격 팀이나 하이브리드 팀을 리드하는 실질적 교육을 받은 적이 없다는 말을 한다.

지난 25여 년 동안에 변한 것들이 또 있다.

- 프로젝트 관리 연구소에 따르면, 오늘날 90% 정도의 프로젝트 팀에는 원격 근무를 하는 팀원이 한 명 이상 있다.[1]

- 서로 다른 상사에게 보고하는 팀원들로 이루어진 프로젝트 팀과 TF가 구성되는 사례가 늘고 있다. 이 매트릭스 조직의 리더는 팀원들의 직속 상사도 아니고, 보고 체계를 갖고 있지 않지만, 그 사람들에게 영향력을 발휘하고, 그들을 리드해야 한다.

- 오늘날 거의 80%의 사무직 리더들은 원격 근무를 하는 직원(최소한 시간제)이 최소한 한 명은 있다.[2] 지구 반대편에서 근무하는 직원이나 어느 날 개인 사정으로 재택 근무를 하는 직원이 모두 여기에 속한다. 어느 쪽이든, 그들은 리더 및 다른 동료들과는 직접 만나기가 어려운 곳에서 근무를 하고 있다.

- 소셜 미디어와 디지털 커뮤니케이션은 정보의 유통 방식과 속도를 변화시켰다. 예전에는 요청에 응답하는 데 적어도 문서를 작성해서 발송한 만큼의 시간이 걸렸다. 아니면 직접 찾아가서 의사소통을 했다.

이러한 현상에서 중요한 점은 우리의 업무 수행 방식에서 얼마나 많은 변화가 있었는가 하는 것이다. 이 같은 변화의 결과가 리더들에게 끼친 두 가지 영향은 다음과 같다:

- 우리에게 성공을 가져다 주었던 의사소통 방법이 바뀌었다. 대면 미팅 스킬이 뛰어난 리더가 있을 것이다. 그런데 원격 근무 환경에서 이 스킬은 얼마나 발휘될 수 있을까? 당신이 경청을 잘 하는 사람일 수도 있지만, 원격 근무하는 직원이 이메일로 당신과 소통하려고 한다면, 당신의 강점은 쓸모가 없게 되며, 당신들 두 사람이 제대로 능력을 발휘하며, 효과적으로 일할 수 있을지를 의심스럽게 만든다.

■ 리더가 느끼는 외로움은 더 이상 단순히 감정적인 것이 아니다. 그들이 외로운 것은 결정에 대한 책임을 홀로 져야 한다거나, 직책을 수행하는 데서 받는 중압감이 크다거나, 직원들에 대한 책임감을 느끼기 때문만은 아니다. 그들은 물리적으로 떨어져 있는 경우가 있다.

우선, 당신 자신에게 좀 여유로워져야 한다. 만약 당신이 이 일을 오랫동안 해 온 경우라면, 당신에게 부여되는 과제와 또 그것을 수행하는 방식이 상당히 달라져 있을 것이다. 만약 당신이 처음 리더 역할을 맡은 경우라면, 당신에게 조언을 하거나 가르치는 사람이 당신의 업무 방식과는 맞지 않는 사람들일 수도 있다.

대면 업무 환경에서는 어떤 의사결정을 하거나, 의견을 묻거나, 지시를 할 때, 당신은 상대방의 얼굴을 쳐다보거나, 적어도 그들의 목소리를 들었다. 그들이 당신 말을 이해했는지 혹은 당신 말에 동의하는지 알 수 있었다. 실시간 피드백을 통해 코칭을 하고, 질문에 답변하거나 결정을 빠르게 변경할 수도 있었다. 필요한 응답을 즉시 얻을 수 있었다. 심지어 가끔 미소를 짓는 것을 보거나, "고맙다"는 말을 들음으로써 기분이 좋아지기도 했다. 이런 경우들은 효과적인 리더가 될 때 얻을 수 있는 정서적 보상의 일부이다.

하지만, 지금은 그 보상들 중 많은 부분이 사라지고 있는지 모른다. 앞에서 읽은 사례의 팀장처럼, 마치 어둠 속에서, 무슨 일이 일어나고 있는지 확신도 못한 채로 신념에 기대어 운영하고 있으며(별 뚜렷한 신념이 없을 때에도), 이전에는 어느 누구도 시도해 본 적이 없는 방식으로 모든 것이 진행되고 있다고 느낀다.

우리 고객들 중에 어떤 사람은 그 감정을 이렇게 표현했다. "리더 역할은 마치 고양이를 돌보는 것처럼 느껴졌어요. 그런데 지금은 이메일로 고양이를 돌보려 하는 것 같아요."

이전과 상황이 어떻게 달라졌는지, 얼마나 달라졌는지를 살펴보기 전에 잠깐 숨을 좀 고르자. 사실, 리더십 방식에 변화가 생기기는 했지만, 리더십을 발휘하는 것 자체는 변하지 않았다.

**리더의 역할은 마치 고양이를 돌보는 것처럼 느껴졌어요.
그런데 지금은 이메일로 고양이를 돌보려 하는 것 같아요**

이것은 1차 수준의 변화이지, 2차 수준은 아니라는 것이다. 이 둘의 차이는 무엇인가? 1차 수준의 변화는 하던 일을 그대로 하되 다른 방식으로 해야 한다는 말이다. 더 빠르게, 다른 도구를 활용하여 더 스마트하게 무언가를 처리 해야 하지만, 그 일의 내용은 근본적으로 바뀌지 않는다는 의미이다. 2차 수준의 변화는 우리가 하고 있는 일이 전혀 효과가 없기 때문에 일 자체를 완전히 바꿔야 한다는 의미이다.

그것에 대한 간단한 예가 있다. 직원 중 한 명이 습관적으로 지각을 한다고 가정하자. 당신이 이 문제 해결을 도울 방법들이 있을 것이다: 15분 전에 집을 나서게 할 수도 있고, 직장으로 오는 경로를 바꾸게 할 수도 있고, 심지어 매일 15분 더 일을 하기로 합의해서 같은 양의 일을 하게 할 수도 있다. 이러한 일들은 모두 1차수준의 변화이다.

만약 그런 해결책이 효과가 없다면, 당신은 그의 사정을 수용해 주거나, 그에게 다른 일을 찾도록 제안할 수도 있을 것이다. 그것은 2차수준의 변화다. 즉, 당신이 시도하는 일이 효과가 없기 때문에, 일 자체를 바꿀 필요가 있다는 것이다.

원격 리더가 되면, 업무 환경에 대해 이전에 당신이 느꼈던 것과는 완전히 다른 기분이 들게 될지도 모른다. 당신은 직원들과 사무실 공간을 함께 사용하거나 서로 얼굴을 마주보는 것이 지금의 비대면 근무보다 훨씬 편하게 느껴질 수도 있다. 이러한 변화들은 당신의 생산성과 효과성에 부정적 영향을 주는 정서적 스트레스를 유발할 수 있다.

당신이 하는 일에는 큰 문제가 없을 수 있지만, 문제는 그것을 어떻게 잘 추진할 것인가이다. 다음 3장에서는 그 사실을 설명하는 데 도움이 되는 모델을 소개하겠다.

성찰과 실천

☞ 최근 1년 동안 업무 방식에 있어서 가장 큰 변화는 무엇인가?

☞ 직원들이 원격 근무를 하는 경우에 리더십에는 어떤 변화가 필요하겠는가?

☞ 원격 근무를 하는 직원들을 리드하는 데 있어서 리더가 스트레스를 가장 많이 받는 것은 무엇일까?

☞ 팀이 잘 운영되고 있다는 것은 무엇을 의미하는가? 제대로 운영되지 않는다는 것은 무엇을 보고 알 수 있겠는가?

3장
/ 원격으로 리드한다는 것의 의미 /

원칙 3. 원격 근무를 하면, 대인관계의 역동성이
바뀐다는 것을 이해한다.

때때로 작은 일로부터 엄청난 결과가 나온다는 것을
생각할 때, 세상에 작은 일이란 없다는 생각이 든다.
— 브루스 배턴(Bruce Barton), 미국 하원의원

대면으로 근무를 하는 팀을 2년 정도 리드했던 팀장이 있었다. 그런데
회사 방침이 바뀌면서 직원 중 3명이 재택근무를 하게 되었다. 그 팀장은
세상이 변했다는 것을 알지만, 그 팀장은 어떻게 대처해야 하는지 잘 이해
하지 못했다. 그는 종종 사소한 실수가 얼마나 큰 문제를 야기하게 되는
지, 그리고 명확하게 전달했다고 생각했던 업무 지시를 재택근무 직원들
이 이해하지 못하고 있는 경우를 보면서 당황했던 경우가 종종 있었다.

이 3장에서는 리더가 당면하게 되는 직원들의 원격 근무의 의미를 더 자세
하게 이야기하고자 한다. 우리는 원격 리더가 처한 상황을 이해하며, 그것을
조직차원에서 어떻게 개선할 것인가에 대해서 마지막 장에서 좀 더 설명할
것이다.

이 책의 주제는 매우 간단하다. 원격 리더는 자신의 직원들 중 적어도 1명 이상은 떨어져 있는 장소에서 근무하는 사람인데, 이 떨어져서 근무하는 직원을 어떻게 리드할 것인가에 관한 책이다.

요즘 근무 형태의 변화를 감안할 때, 이 '떨어져 있음'이 많은 문제 상황을 만들어 낼 수 있다.

원격 vs. 가상

우리가 앞으로 나아가기 위해서는 여기서 알아야 할 몇 가지 기본적인 용어들이 있다. 우선, "원격" 팀과 "가상" 팀에 대한 문제이다. 이것은 서로 혼용되고 있지만, 반드시 같은 것은 아니다

뉴욕 주립대 스토니 브룩 대학교(SUNY Stony brook University) 교수 출신이며, 현재 Virtual Distance International의 CEO인 카렌 소벨 로제스키(Karen Sobel Lojeski)박사에 따르면[1], 이 2가지는 다음과 같은 차이가 있다. 원격 근무는 말 그대로다. 직원들이 근무시간 중 적어도 얼마의 시간은 다른 곳에서 일한다. 아마도 노트북과 휴대폰을 사용하여 끊임없이 이동하면서 일하는 세일즈 팀의 경우가 해당 될 것이다. 아니면 여기저기 흩어져 일하는 직원들이 있는 프로젝트 팀일 경우일 수도 있고, 또는 회사에서는 고정된 근무 장소가 있지만, 직원 중 개인적 사정에 의해 일주일에 하루 이상을 재택근무하는 경우일 때도 해당된다.

이러한 팀에서 나타나는 문제점은 직원들이 물리적으로 가까이 있지 않기 때문에, 자주 접촉할 경우 얻게 되는 상대방의 감정이나 생각에 대한 단서를 얻을 수 없다는 점이다. 전화, 문자 메시지, 이메일 등을 통해 커뮤니케이션이 지속적으로 이뤄지겠지만, 보고 체계와 권한 관계는 상당히 전통적이다. 대면으로 팀을 리드하는 것과는 다르지만, 처음에 겁 냈던 것 보다는 훨씬 수월하다.

가상 팀의 경우는 더 복잡하다. 의사소통은 주로 디지털 소통 툴을 통해 이루어지며, 거리상으로도 분리되어 있을 수 있지만, 상호 관계에는 구조적인 차이가 있다. 예를 들어, 여러 부서에서 온 사람들로 구성된 프로젝트를 수행한다면, 프로젝트 리더에게는 프로젝트에 대한 책임은 있지만, 팀원들에 대한 권한은 없다. 프로젝트 팀과 임시 팀은 흔히 "가상" 팀으로 운영된다. 프로젝트 리더가 있긴 하지만, 그 사람에겐 직접적인 관리 권한이 없을 수도 있다. 모든 직원들에겐 자신들이 보고하는 "실제 상사"가 있다. 이 경우에는 권한이 아니라, 영향력을 발휘하여 일을 수행해야 된다. 전통적인 힘의 수단인 "나는 상사니까, 내 지시대로 해야 한다"를 행사하기가 어렵다. 전화를 통해 직원의 행동을 강제하기는 쉬운 일이 아니다.

그리고 가상의 거리는 감정적 요소가 더 강해 질 수 있다. 실제로 리더와 대화를 하기보다는 차라리 이메일을 보내려고 하는 직원이 있다면, "떨어져 있는 거리"가 멀지 않다고 하더라도, 그와는 거리감을 느끼게 될 것이다. 실제로 직원들이 멀리 떨어져서 근무한다고 상상해 보면(직접 만나서 대화하고 싶어도, 그들은 리더의 사무실로 올 수가 없다), 리드하기가 얼마나 더 어렵겠는가?

팀의 유형

팀의 성격을 이야기할 때는 우리가 의미하는 바를 명확히 할 필요가 있다. 일반 업무 팀이든, 프로젝트 팀이든, 정치 캠페인이든, 오늘날 리더가 담당하게 되는 세 가지 유형의 팀이 있다.

- **대면 근무 팀**. 모든 사람들이 대부분의 근무 시간을 같은 장소에서 일한다. 이것은 우리 대부분이 경험했던 팀의 유형이다.

- **완전한 원격근무 팀**. 직원들은 공동 목표를 향해 함께 일을 하지만, 대부분의 일을 서로 떨어져서 수행한다. 대부분의 의사소통은 대면으

로는 이루어지지 않는다. 대표적인 예가 지역별로 한 명의 담당 직원을 두고 있는 영업팀이다.

- **하이브리드 팀.** 직원 일부는 동일한 장소에서 근무하고, 다른 일부는 다른 장소에서 일한다. 여기에는 재택 근무자, 다른 사무실을 사용하는 직원들, 심지어 고객사에 파견 근무 중인 직원들도 포함된다. 하이브리드 팀의 형태 중에는 일주일에 2~3일만, 또는 그들이 원할 때만, 재택근무를 하는 경우도 있다. 만약 회의실에서 몇몇 사람들과 회의를 하고 있는데, 어떤 사람들이 스피커폰으로 이야기하는 것을 보았다면, 독특한 어려움이 있다는 것을 알게 될 것이다.

  하이브리드 팀에서 가장 큰 과제 중 하나는 사람들이 근무 장소를 끊임없이 변경하기 때문에(사무실에서 근무하다가 곧 부재 중이 되거나) 정보의 프로세스와 접근 방식이 거의 매일 바뀐다는 점이다. 어떤 팀이라도 대부분의 사람들이 같은 장소에서 근무하다가, 그 다음 날은 원격이나 가상 근무에 들어가는 하이브리드 팀이 될 수 있다.

이 세 가지 유형의 팀들은 서로 공통점도 가지고 있고(일을 수행해야 하고, 정보를 교환해야 하고, 서로의 성과를 기반으로 해야 한다), 각각의 고유한 도전 과제도 가지고 있다(리더는 뉴욕에 있고, 직원의 일부가 시드니나 싱가포르에 있는 경우, 현장에서 지원은 불가능하다). 이 책에서는 완전한 원격 근무 팀과 하이브리드 팀에만 초점을 맞출 것이다.

이와 같이 구분하는 방식 외에, 원격 팀이나 하이브리드 팀을 직원들의 업무 환경에 따라 더 구분할 수도 있다. 다음을 참조하자:

- **영업팀.** 영업사원으로 구성된 팀을 맡고 있다면, 리더 자신도 이전에 영업사원이었을 가능성이 높다. 영업팀들은 원격 근무를 누구보다 더 오래 해왔기 때문에 원격 근무하는 데 어려움을 적게 느낄 수 있다는 의미다. 그들은 원격으로 일하는 것의 문제와 어려움에 적응해 왔다.

- 프로젝트 팀 또는 임시 팀. 이런 팀들은 짧은 기간 안에 매우 높은 가치 창출을 한 후에 없어진다. 리더는 프로젝트 팀을 이끌면서도 자기에게 직접 보고하는 직원이 몇 명(혹은 한 명도) 없을 수 있다.

- 개별 공헌자 팀. 영업팀들이 이 범주에 속할 것이다. 그러나 이들뿐만이 아니다. 자기 업무에만 집중하는 개별 공헌자들로 구성된 팀을 이끌 때, 원격으로 팀워크와 협업을 독려하는 것이 어려울 수도 있지만, 리더는 그들이 너무 단절되거나 개인주의화 되는 것을 막아야 한다. 그들은 여전히 목표를 가진 어느 팀에 속해 있는 사람들이다.

- 글로벌 팀. 어떤 시점에 사람들이 한 건물 안에 함께 있지 않다면, 그들이 얼마나 멀리 떨어져서 일을 하는가는 중요하지 않다. 단, 그 곳의 시간대와 문화 차이로 의사소통과 관계 구축을 매우 어렵게 만드는 경우를 제외하고는 말이다.

원격 근무이지만, 바뀌지 않는 것

우리는 몇 달 동안 화이트보드에 다음과 같은 질문을 써 두었다: 원격 리더십의 경우, 무엇이 달라지는가, 또 바뀌지 않는 것은 무엇인가?" 많은 점에서 그 질문은 이 책 내용을 요약하고 있다. 특히 이 장에서 그 문제를 집중해서 다루고 있다.

첫째, 바뀌지 않는 것은 다음과 같다.

- 리더의 1차적 관심. 직원들이 리더와 같은 사무실에서 근무하든, 다른 장소에서 근무하든, 아니면 다른 시간대의 지역이나 국가에서 근무하든, 리더십은 사람에 관심을 갖어야 한다라는 것은 동일하다. 직원들에게는 리더가 고려해야 할 어떤 감정이 있고, 필요가 있으며, 개인적 목표가 있다는 것을 생각하지 않고, 리더는 서둘러 업무 추진 계획을

세우고 싶어 한다. 모든 것은 사람에서부터 시작된다는 교훈을 잘 준수하면서 시작하겠다는 생각을 갖고 출발해야 한다.

- **인간 행동의 기본 패턴.** 리더는 직원들을 리드하고 있기 때문에, 직원들의 심리(그들의 바람, 필요, 욕구, 두려움, 염려 등)를 더 잘 이해하면 할수록 더 큰 성공을 거둘 수 있을 것이다. 선동적인 미디어에서 접하는 기사들과는 달리, 사람들이 원격 근무를 한다거나, 새로운 소통 툴을 활용해서 일을 한다거나, 혹은 특정한 연령대에 있다고 해서, 인간 행동의 기본 패턴이 바뀌지는 않는다. 우리는 이 책 전반에 걸쳐 이러한 인간 행동의 기본 패턴에 관해 말할 것이다.

- **리더십의 원칙.** 인간 행동의 기본 패턴 외에, 사람들로 하여금 특정한 리더를 누구보다 더 잘 따르도록 유도해 주는 스킬과 특성이 있다. 이런 특성과 스킬은 사람들이 근무 장소가 사무실에서 그들의 집이나 고객이 있는 장소로 바뀌었다고 해서 달라지는 것은 아니다.

- **리더의 역할.** 직원들의 근무 장소에 관계없이 리더에게는 코칭, 영향력 행사, 의사소통의 임무가 있다. 리더에게는 다른 팀과 협력하고, 목표를 설정하고, 변화를 주도하는 책임이 주어진다. 1장에서 이것에 대해 약간 언급했었지만, 지금 다시 되새겨 볼 가치가 있는 주제이다: 즉, 직원들이 원격 근무를 하더라도 리더들의 역할은 변하지 않는다.

- **업무 성과에 대한 높은 기대.** 회사는 언제나 리더가 목표를 달성하고, 가치 있는 프로젝트를 기한 내에 완료하고, 예산에 맞추고, 안전하게 작업하기를 바라며, 또 그 외에도 바라는 것들이 많다. 원격 근무를 하더라도 이와 같은 목표들은 달라지지 않는다.

사람들이 다른 장소에서 일한다고 해서 이와 같은 중요한 요소들이 바뀌지는 않지만, 우리는 원격 근무로 인해 야기되는 차이점들을 인식하고, 또 해결해야 한다. 그렇지 않으면, 앞 사례에서 봤던 팀장처럼 우리도 좌절과 예상치 못했던 낭패를 겪게 될 것이다.

원격 근무로 인해 바뀌는 것

지금 이 책을 읽고 있는 이유는 당신의 근무 방식에 뭔가 변화가 있기 때문일지도 모르겠다. 변화가 있다면, 아마도 다음 중 하나 이상일 것이다.

물리적 거리

그 동안 우리가 일을 했던 회사들에서는 한 건물의 같은 층에 있거나, 혹은 옆 건물에 있는 직원들을 리드하는 것만 논의해 왔었다. 변화되고 있는 추세는, 직원들과의 물리적 거리가 점점 멀어진다는 것이다. 필자 중 한 사람인 케빈은 여러 해 동안 120km 정도의 거리로 흩어져 있는 팀을 이끌어 왔다. 하지만 지금은 버지니아 리치몬드에서 시카고, 피닉스, 포트 웨인, 인디애나폴리스 등으로 흩어져 있는 직원들을 이끌고 있다. 그러나 그 정도는 우리가 흔히 보는 글로벌로 흩어져 있는 팀에 비하면(즉, 댈러스에서 두바이까지 혹은 더블린에서 일리노이 주 댄포스까지), 아무것도 아니다. 이 지리적 변화는 아마도 당신이 처음 생각했던 것과는 다른 이유로 문제가 된다.

이제 리더는 단지 거리뿐만이 아니라, 서로 다른 시간대와 다른 문화와도 마주쳐야 하기 때문에 리더의 업무가 한층 복잡해 졌다.

직원들은 리더를 보기가 어렵다

원격 근무를 하게 되면, 직원들은 자주 리더를 볼 수가 없다.

만약 리더가 직원들에게 모범을 보이고 싶다면, 직원들이 리더를 볼 수 있도록 하면 훨씬 쉬워질 것이다. 만약 직원들이 서로 협력하도록 만들려면, 리더가 기꺼이 다른 사람들과 협력하는 것을 직원들이 볼 수 있도록 할 필요가 있다. 리더가 다른 사람들을 위해 힘든 일을 마다하지 않는 것을 직원들은 지켜 볼 것이다. 물리적으로 가까이 있는 직원들은 리더의 행동이 리더가 강조하는 가치와 일치하는지를 볼 수가 있다.

리더가 직원들과 같은 공간을 사용하면, 리더가 근처에 있다는 것을 알기 때문에 그들이 즉석에서 질문을 하거나 미팅을 요청할 수도 있다. 원격 근무를 하는 직원들은 그런 기회를 가질 수가 없으므로, 이와 같은 문제에 대처할 방법을 찾아야 한다.

좀 이상하게 들리겠지만, 리더가 직원들과 함께 있음으로써 리더의 직위에 따른 힘이 나타나는 것이고, 또 직원들을 리드하고자 하는 의욕도 생긴다. 원격 근무로 인해 직원들이 리더와 소통을 하려면, 시간 약속을 미리 해야 되기 때문에 소통을 하기를 꺼리거나, 리더와의 인간적 유대감을 확립하지 못하고 있다면, 리더는 극복해야 할 단기적, 장기적 문제들을 갖고 있는 셈이다.

실제 물리적으로 가까이 있건, 직원들이 리더의 존재를 느낄 수 있도록 가상 공간에 나타나건 간에, "리더의 존재를 느낄 수 있게 해 주는 것"은 리더십을 발휘하는 데 절대적으로 중요하다.

소통 툴

케빈은 컴퓨서브(CompuServe)를 통한 인터넷과 팩스 기계 하나로 회사를 시작했다. 이 사실은 케빈이 꽤 오랫동안 회사를 운영했다는 것 외에도, 그 동안 소통 툴이 얼마나 발전해 왔으며, 또 앞으로도 계속 발전해 갈 것인지를 예측할 수 있게 한다. 활용할 수 있는 소통 툴이 무엇인지 파악하고, 그것을 효과적으로 사용하는 것이 원격 리더로서 성공하는 데 도움이 될 것이다. 직원들과 커뮤니케이션을 효과적으로 할 수 있는 새로운 툴을 가까이 하는 것은 리더 업무의 일부다.

만약 사용 가능한 소통 툴을 리더가 활용하지 않는다면, 직원들도 그것을 활용하지 않을 것이다. 그리고 만약 리더가 그것을 적합하게 사용하지 않는다면, 직원들은 더욱 사용을 꺼리게 될 것이다. 만약 리더가 툴을 사용하지 않거나 잘못 사용하기 때문에, 직원들에게 그것의 성공적 활용 사례를 보여주지 못한다면, 직원들이 그 툴들을 사용하기를 바라는 것은 요행을 바라는 것과 같다.

만약 당신이 원격 리더라면, 그리고 특히 나이가 많은 세대의 사람이라면, 더더욱 직원들에게 적절한 시기에 적합한 툴을 사용하도록 장려해야 하며, 당신 또한 그것들을 직접 사용해야 한다.

업무상의 관계

비록 직원들이 같은 건물이나 같은 층에서 근무하지는 않더라도, 그들은 여전히 함께 일을 하고 있고, 서로 일을 주고 받는다. 따라서 성공적인 의사소통은 필수적이다.

그리고 단순히 일상적으로 대면한다고 해서 인간관계가 형성되거나 개선되는 것은 아니지만, 개인적인 접촉은 업무상 관계를 도와주는 역할을 한다. 직원들이 서로 원격으로 근무를 할 때도 업무상 유대감은(실질적이고, 또 심리적으로) 여전히 필요하다. 그러나 유대감을 형성할 기회와 방식이 급격하게 달라지게 된다. 유대감을 형성하고, 유지하는 방법을 배우는 것은 리더가 해야 할 중요한 업무이다.

그리고 비대면 의사소통은, 당신이 원하지 않더라도 대인관계의 역동성을 변화시킨다. 원격 리더로서 직원들과 좋은 업무 관계를 맺으려, 의도적으로 노력하는 일이 점점 더 어려워지는 동시에, 갈수록 더 중요해지고 있다.

커뮤니케이션 단서를 얻기 어렵다

누군가와 직접 대면해서 말할 때는 즉각적인 피드백을 받는다. 피드백을 직접 요청하는 경우도 있다. 질문이나 코멘트를 요청할 수도 있고, 리더로서 자신의 메시지에 대한 솔직한 반응을 요청하기도 한다. 그러나 피드백의 대부분은 상대방의 반응을 통해 얻어진다; *활짝 웃으며 수용하는 모습이나 이마를 찡그리는 것을 보면, 우리가 일을 추진하기 전에 조정하거나, 이해를 확인하거나, 더 많은 정보를 얻을 필요가 있다는 것을 느끼게 한다.* 우리는 그러한 실시간 반응을 바탕으로 끊임없이, 그리고 자연스럽게 메시지를 조정해 간다.

원격 리더로서 직원들과 좋은 업무 관계를 맺으려, 의도적으로 노력하는 일이 점점 더 어려워지는 동시에, 갈수록 더 중요해지고 있다.

원격 근무를 하게 되면, 소통 방식의 비율이 바뀐다. 다른 사람과의 소통을 글자로 얼마나 하는지 생각해 보자. 이메일, 문자 메시지, 온라인 커뮤니케이션은 서로 간에 정보를 주고받는 가장 빈번한 방법이다. 그것은 종종 비인간적이고, 차갑게 느껴지기도 한다. 그것은 일방적 의사소통이며, 또한 당신에게 말뿐만이 아니라, 다른 의사소통 스킬까지 연마하게 만든다.

우리가 말로 소통할 때는 주로 전화를 사용한다. 서로 간의 말투와 내용만 들을 수 있을 뿐, 내용에 공감하고 있음을 뒷받침하는 미소나 제스처는 볼 수 없다. 그리고 사람들이 우리를 볼 수 있을 때에도(웹캠이나 화상회의), 영상만으로는 완전히 극복할 수 없는 상대방과의 단절감이 존재한다.

이처럼 즉각적인 반응을 캐치하기 어려운 상황에서, 리더는 자신의 메시지가 직원에게 쉽게 이해되도록 노력해야 하고, 직원들의 반응에서 중요한 단서를 캐치할 방법 또한 찾아야 한다. 당신이 거래처 관리 방법을 바꾼다는 이메일을 발송했다고 하자. 그것만으로 직원들이 그들의 변화에 필요한 정

이메일을 발송했다고 하자. 그것만으로 직원들이 그들의 변화에 필요한 정보를 얻었거나, 그 변화가 본인들과 어떤 관계가 있는지를 알게 되었다고 생각하는가? 해야 할 일을 했다고 당신이 느긋하게 있는 동안, 직원들은 아무 생각없이 그 소식을 접하고 있는 것은 아닐까? 아니면, 당황해서 직원들끼리 불만의 문자 메시지를 교환하고 있는 것은 아닐까?

우리 모두는 그 동안 사람들 간에 직접 소통하는 법을 배우며 살아왔으나, 지금은 가장 중요한 일을 우리에게는 낯선 방식으로 수행하고 있는 셈이다.

정보가 필터링 된다

오늘날 정보는 종종 예상치 못한, 또는 의도하지 않은 식으로 필터링 되어 전달된다.

리더는 메시지를 보내는 것만 하지 않는다. 직원들로부터 여러 형태로 메시지를 받는다. 직원들과 가까이서 일할 때는 그들이 리더에게 나쁜 소식을 전할 때, 리더는 그들을 만나서 더 명확한 대화를 나누거나, 그들의 바디 랭귀지를 보면서 적절한 반응을 할 수가 있다. 전화로 정보를 받을 때는, 만약 일의 정황에 대한 사전 지식이나 정보가 없다면, 리더가 확실히 그 정보를 이해하며 들었고, 들은 것을 명확하게 처리했고, 잘 대응하였다고 확신하기는 어렵다.

리더십 유형이 적합하지 않을 수 있다

우리 중 많은 사람들의 리더십은 대면 근무를 할 때 경험했던 것이다. 우리는 사무실을 걸어서 지나가면서 누가 일을 하고 있는지, 누가 잡담하고 있는지 볼 수 있었다. 대화를 엿듣거나 어떤 특정 행동을 보고, 즉각적으로 대응할 수도 있었다.

우리 처럼, 당신도 낡은 '지시와 통제' 방식(*"내가 지시했기 때문에 그렇게 해야 한다"*)에 의존해서 업무를 하는 리더들을 본 경험이 있을 것이다.

그들은 가까이 있어서 언제든지 만날 수 있었기 때문에, 직원들이 하는 모든 것을 지켜보며, 자기가 원하는 대로 정확히 하도록 지시했다. 그것이 좋든 나쁘든 적어도 그것이 가능했던 때가 있었다.

그러나 직원들이 세계 곳곳으로 흩어지게 되면, 직원들이 무엇을 하고 있는지 알기가 어렵다. 직원들이 하는 모든 일을 완벽하게 감시해서 게으름을 피우지 않도록 하고 싶더라도, 그것은 불가능한 일이며, 또한 그럴 필요가 있는지 스스로 자문해 봐야 한다. 특정한 시간에 모든 직원들이 무엇을 하고 있는지 정확히 알 수가 없기 때문에, 직원들이 자신의 업무에 대한 기준과 평가기준에 대해 명확히 알고 있도록 하고, 그들 업무 수행이 리더가 원하는 방향과 같아야 되며, 리더가 원하는 방법으로 전달되도록 해야 한다. 다시 말하자면, 원격 근무 팀을 성공적으로 이끌기 위해서는 직원들과 더 많은 신뢰를 쌓아야 한다. 지시와 통제는 통하지 않을 것이고, 그렇게 한다면, 리더는 어리석은 시도만을 하게 될 것이다.

직원들의 욕구 일부가 변할 수 있다

사람들의 기본적인 욕구는 변하지 않지만, 근무 장소가 어디냐에 따라 어떤 욕구는 과거에 비해 더 중요해지거나, 더 분명해질 수도 있다. 직원들이 재택근무를 하고 있다면, 이전에 출근할 때는 충족되었던 직원들 간의 상호작용의 필요를 충족시키지 못하고 있을 수 있다. 원격 리더는 이러한 필요를 감지하고, 이것들을 충족시킬 방법을 찾아야 한다. 왜냐하면 그러한 필요들이 충족되면, 직원들은 일에 더욱 집중하게 되고, 업무를 더 성공적으로 완수할 수 있기 때문이다.

이것은 원격 근무를 하면서 서로간의 소통과 친밀감을 아쉬워하는 것은 외향적인 직원들에게만 국한되는 것이 아니다. 디지털로 연결된 요즘 사람들은 점점 더 고립되어 왔으며, 직장은 많은 사람들에게 소속감을 맛볼 수 있는 오아시스 같은 역할을 해 왔다. 사람들이 원격이나 재택 근무를 하게 되면서, 리더는 이러한 필요를 이해할 수 있어야 한다. 만약 리더가 직원들의 이런 욕구를 충족시키도록 지원하고, 또 격려한다면, 직원들은 더 생산적일 뿐만 아니라, 더 건강하고, 스트레스를 적게 받을 것이다.

각자 자기 업무에 더 집중한다

직원들이 원격 근무를 하게 되면, 개별적인 과제나 각자 자기 업무에 더 집중하게 된다. 이렇게 "팀"에서 떨어져서 각자 자기 업무로 집중되는 것이 반드시 나쁜 것만은 아니다. 경우에 따라서는 더 나은 결과를 낳을 수도 있다. 그러나 이러한 변화를 반드시 조직이, 리더가, 그리고 아마도 가장 중요하게는 그 일을 하는 개인들이 인식하고 있어야 한다. 이러한 개별화 되는 경향을 인식하고, 이를 순순히 인정하는 것은(동시에 부주의로 너무 개인주의적으로 흐르지 않도록 하면서) 중요하다.

고립되어 일한다

비대면으로 리드하는 것은 외로운 일이다. 방해 받지 않고 자신의 업무를 수행할 수 있는 시간을 가질 수 있는 것은 좋은 일이지만, 리더 즐거움의 많은 부분은 다른 직원들과 함께 할 때 느끼는 것이다. 다른 의견을 듣는 것, 질문에 대해 즉시 답변을 듣는 것, 함께 아이디어를 창출하는 것은, 리더가 누릴 수 있는 흥미진진한 역할들이다.

하지만 원격 근무에서는 간단한 질문이 있을 때, 누구에게 물어 볼 것인가? 의문이 있을 때, 신뢰할 수 있는 조언자와 연결될 수 있는가? 리더의 생각을 검토해 줄 사람이 있는가?

원격 근무에서는 이런 것들이 어렵기 때문에, 아이디어가 생각났을 때 가까운 누군가에게 그것을 미리 검토해 보지 않고, 곧바로 지시를 하겠는가? 더구나 리더의 아이디어를 직원들이 수용하는 장면을 직접 볼 수도 없고, 좋은 소식을 직접적으로 들을 수도 없다. 휴게실에서 피자로 뭔가를 축하하거나, 생일 케이크를 나눠 먹는 것은 꿈도 꿀 수 없다.

우리의 조사 결과에는 직원들로부터 고립된 느낌이 리더들에게 큰 관심사이고, 리더의 효과적 업무 수행과 업무 만족도에 영향을 미친다는 것을 확인시켜 주었다. 하지만 원격 근무가 점점 증가되고 있는 시기에 리더는 정보나 영감을 얻고, 연대감을 나누기 위해 누구에게 의지해야 하는가?

이제 어떻게 해야 하는가?

그렇다, 원격 리더 역할은 어렵다. 그러나 불가능한 것도 아니다. (*징기스칸과 빅토리아 여왕도 그것을 수행했다는 것을 기억하자. 당연히 당신도 할 수 있다.*) 당신은 자신의 업무를 새로운 방식으로 이해해야 하고, 당신의 업무에 영향을 미치는 변화를 인식하고, 몇 가지 태도를 바꾸어야 할 것이다.

다음 4장부터는 리더로서 현재 직면하고 있는 도전 과제는 무엇이며, 원격 리더십에서는 그것들이 어떻게 달라지게 되는지, 그리고 이러한 변화에 따라 갖추어야 할 새로운 태도, 관점, 행동에 관해 살펴보기로 하겠다.

성찰과 실천

☞ 지금 어떤 유형의 팀을 리드하고 있으며, 리더십을 발휘하는 방법은
    어떻게 결정하는가?

☞ 물리적 거리가 팀의 업무 방식과 리더십 효과를 어떻게 변화시켰는가?

☞ 원격 근무가 리더십 발휘를 어떻게 변화시켰는가?

☞ 어떤 변화가 리더에게 가장 큰 영향을 미치고 있는가?

제 2부

원격 리더십과 3O 모델

4장
▌ 원격 리더십의 모델 ▌

원칙 4. 디지털 소통 툴을 장애물이나 핑계거리가 아닌, 소통 수단으로 활용한다.

이 세상의 모든 툴, 기법, 테크놀로지는
그것을 현명하게, 알맞게, 조심해서 사용할 수 있는
머리와 마음과 손이 없다면, 아무것도 아니다.
—라쉬이드 오군라루Rasheed Ogunlaru, 작가, 연설가, 코치

팀을 오랫동안 성공적으로 리드해 온 팀장이 있었다. 회사에서 직원들에게 재택근무를 허용하고, 모바일 시스템을 활용하여 업무 보고하도록 했을 때, 그 팀장이나 그 팀장의 상사는 그것에 대해 크게 신경쓰지 않았다. 그 팀장은 직원들을 잘 알고 있었고, 직원들도 팀장을 잘 알았다. 팀장은 업무도 확실히 파악하고 있었고, 팀을 이끌 방법에 대해서도 자신감을 갖고 있었다. IT 부서에서 몇 개의 새로운 소통 툴에 대한 사용 권한을 부여했을 때, 그는 "필요 없다, 재택근무 직원들을 이끌어가는 데 필요한 수단을 충분히 가지고 있고, 그것은 잘 작동되고 있다"고 말했었다.

원격 근무 환경에서 리더가 되는 것이 대면 근무 리더와 다르지 않다면, 왜 원격 리더가 스트레스를 더 많이 받고, 더 외롭고, 더 힘들게 느낄까?

원격 리더들과 많은 토의와 검토를 통해 우리는 중요한 메시지를 전달할 간단한 모델을 만들었다.

우리는 이것을 원격 리더십 모델(그림 5)이라고 부른다.

그림5. 원격 리더십 모델

이 모델은 원격 근무자 리딩을 위해 작동하는 세 개의 연동 기어를 묘사하고 있다. 가장 큰 기어(gear)는 '리더십 & 매니지먼트'로, 리더 본연의 역할을 말한다. 두 번째로 좀 더 작지만 중요한 기어는 원격 근무를 리딩하기 위해 사용해야 하는 '툴 & 테크놀로지'이다. 마지막으로 가장 작은 기어는 '스킬 & 임팩트'로, 이러한 툴들을 잘 사용할 수 있는 능력이다. 비록 가장 작은 기어이긴 하지만, 무시하거나 그 중요성을 간과할 수는 없다.

각각에 대해 좀 더 자세하게 살펴보기로 하자.

리더십과 매니지먼트 기어

이 기어(gear)는 리더로서의 역할은, 즉 리더십을 발휘하고 팀을 관리하는 동안 리더가 보여주어야 할 행동들인데, 대면 근무 때와 동일하다는 사실을 상기시킨다.

리더에게 요구되는 역할은 피라미드를 건축했던 리더들에게 요구되던 역할(기대)과 크게 변하지 않았다. 직원들이 리더와 사무실을 공유하건, 전 세계에 흩어져 일을 하든, 리더에게 한결같이 요구되는 것은 비슷하다.

케빈은 그의 저서 '뛰어난 리더십'에서 모든 리더들에게 적용되는 13가지 역량을 설명하고 있다. 리더로서의 업무 효과를 향상시키려면, 리더는 다음과 같은 역량을 지속적으로 개발해야 한다.

1. 뛰어난 리더는 끊임없이 배운다.
2. 뛰어난 리더는 변화를 주도한다.
3. 뛰어난 리더는 효과적으로 소통한다.
4. 뛰어난 리더는 직원들과 신뢰 관계를 구축한다.
5. 뛰어난 리더는 다른 사람을 발전시킨다.
6. 뛰어난 리더는 고객에 초점을 맞춘다.
7. 뛰어난 리더는 영향력을 발휘한다.
8. 뛰어난 리더는 생각과 행동을 혁신적으로 한다.
9. 뛰어난 리더는 협업과 팀워크를 중시한다.
10. 뛰어난 리더는 문제해결과 의사결정을 잘 한다.
11. 뛰어난 리더는 책임을 진다.
12. 뛰어난 리더는 프로젝트와 프로세스를 성공적으로 관리한다.
13. 뛰어난 리더는 목표를 설정하고, 목표 달성을 지원한다.

이 리스트의 항목에 대해, 또는 어떤 역량에 어떤 이름을 붙였는지에 대해 논쟁할 수는 있지만, 원격 근무를 할 경우에 이들 중 어떤 것도 덜 중요하게 된다고 주장할 수는 없다. 그리고 비대면으로 리드한다고 해서 이 역량들 외에 특별히 더 추가될 것은 많지 않다. 모두 모여서 근무를 하든, 그렇지 않든, 리더로서의 역할은 변함이 없다. 직원들이 리더와 함께 있든, 다른 나라에 있든 간에 과제는 수행되어야 한다.

당신이 그 동안 이 항목에서 역량을 얼마나 잘 발휘했는가는 별개로 다뤄야 할 문제지만, 최근까지 리더는 자신의 역할을 수백 년 전부터 내려온 방식으로 수행해 왔다: 같은 장소에서 얼굴을 맞대고... 이제는 아니다.

이전과의 차이점은 다른 두 기어에 있다. 작다는 것이 중요하지 않다는 뜻은 아니다; "작은 경첩이 큰 문을 회전시킨다"는 말은 지금도 진리이다.

툴과 테크놀로지 기어

이 중간 기어는 아마도 원격 리더십과 대면 리더십의 가장 중요한 차이점일 것이다. 리더는 앞에서 언급했던 리더십 역량들을 보여주어야 하는데, 그것도 그들에겐 익숙치 않은 툴과 테크놀로지를 사용해서 보여 주어야 한다.

이것은 생각보다 문제가 클 수 있다.

만약 일본이나 영국에서 운전해 본 경험이 있다면, -아마도 이 관점을 증명이라도 하듯이- 위험에 처한 상황을 겪은 적이 있을 것이다. 네 개의 바퀴, 운전대, 엔진, 앞 유리 등— 언뜻 보기에, 평소 운전하는 것과 90% 이상은 똑 같다.

유일한 차이점은 **핸들이 반대편에 있고, 반대편 차선으로 운전한다는 것**이다.

이 "작은 차이점"은 운전에 엄청난 스트레스를 주며, 치명적일 수도 있는 아슬 아슬한 실수를 야기시킨다. 그리고 그것은 단지 운전에만 국한되는 것이 아니다. 걷는 것 조차 교통 방향에 영향을 받는다. 런던 거리에는 "관광객 여러분, 버스가 반대편에서 오고 있으니, 발 걸음을 조심하세요."라는 의미를 담은 화살 표시를 해 두었다. 안심하고 휴가를 즐기느냐, 아니면 응급실로 가느냐를 가를 수 있는 작은 차이이다.

테크놀로지가 리더십에 어떤 영향을 미치는가? 직원들에게 복잡한 질문을 하고 싶은 데도 이메일을 보내서 물어봐야 할 때, 또는 직원에게 코칭을 해야 된다고 느끼면서도 그것을 전화 코칭으로 해야 할 때(*직원들의 눈에서 만족하는 빛을 볼 수 없거나, 그들의 얼굴에서 황당해하는 기색을 느낄 수 없는*), 그 변화를 절감할 것이다. 웨비나(webinar)를 통해 발표를 하는 것은, 실제 모여 있는 청중들 앞에서 웃음과 박수갈채를 통해 에너지를 얻으면서 하는 것만큼 보람을 주지 못한다.

이 기어는 세 가지 중요한 질문을 던진다:

■ 업무 수행에 활용할 수 있는 툴로는 어떤 것이 있는가?

■ 각 업무에 적합한 툴을 사용하고 있는가?

■ 사용하기 편한 툴에만 너무 의존하고 있는 것은 아닌가?

인생사에서도 그렇듯이, 업무에 맞지 않는 툴을 사용하면, 좌절감을 안겨주며, 또 업무의 효율성을 떨어뜨릴 수 있다. 이것이 중요한 이유는 리더는 많은 것들을 효과적으로 수행해야 하는 책임을 맡고 있기 때문이다. 아마도 "틀린 차선에서 운전"하고 싶지는 않을 것이다. 그것은 확실히 상황을 더 복잡하게 만들지만, 그것만이 문제가 아니다.

스킬과 임팩트 기어

세 번째(가장 작은) 기어는 가장 단순한 개념이고, 유지하기 가장 쉬운 기어일 수 있으나, 종종 가장 큰 문제를 일으킬 수도 있는 것이다. 무슨 일을 해야 하는지를 명확히 아는 것은 중요하며, 그 일에 적합한 툴을 선택하는 것도 중요하다. 그러나 자신이 선택한 툴을 효과적으로 사용할 수 없다면, 그 모든 노력과 좋은 의도만으로는 역할을 완수하지 못할 것이다.

다음은 몇 가지 중요한 통계다:

- 소프트웨어 개발자는 지금까지 구축된 거의 모든 소프트웨어 툴에 적용되는 법칙에 대해 알고 있다. 즉, 80%의 사람들이 기능의 20%를 사용한다.[1] WebEx 또는 Skype와 같은 툴을 사용하더라도 활용 가능한 기능을 사용하지 않으면, 비대면 소통의 문제를 극복하는 데 도움이 되지 않는다.

- MIT Sloan 연구에 의하면, 디지털 소통 툴을 익숙하게 활용하는 리더들이 그렇지 못한 리더들 보다 다른 리더십 영역에서도 지속적으로 더 높은 평가를 받는다고 한다. 그러나 대부분의 리더들이 소통 툴을 사용하는 데 익숙하지 못하며, 또 소통 툴을 직접 사용하는 것에 대한 자신감이 없다.[2]

- 잘 알려진 소프트웨어 플랫폼 회사에서 일하고 있는 사람들도 비공식적인 대화에서 이 연구와 비슷한 이야기를 우리에게 들려주었다. 그런데 웹 미팅 툴에 대한 자격증을 취득한 사람들 중 2/3 이상은 온라인 교육(*많은 사람들이 매우 불만족을 표하는*)을 제외하고는 교육이나 코칭을 전혀 받지 않는다. 어느 자격증 취득자의 말처럼, 마치 '여기 당신의 인증서가 있으니, 다른 사람들에게 피해가 가지 않도록 하세요.'라고 말하는 것과 같다.

리더는 사용에 익숙하지 않은 소통 툴을 가지고 있을 뿐만 아니라, 잘 활용하지도 않는다. 그것은 리더의 업무 신뢰도와 효율성을 떨어뜨릴 수 있다. 이런 현상은 오늘날 의사소통을 시도하는 누구에게나 해당되지만, 특히 리더에게는 추가적인 도전이다:

- 리더는 일반적으로 직원들 보다 나이 또는 경험이 많으므로, 새로운 소통 툴 사용에 더 큰 저항을 가지고 있거나, 적어도 처음에는 그것을 사용하는 것을 불편해 한다.

- 디지털 소통 툴을 사용하고 싶어도 직원들에 비해 그 스킬을 배울 기회가 없을 가능성이 높다.

- 역설적으로 리더가 소통 툴을 활용하지 않으면, 뒤떨어지고 무능해 보이지만, 정작 리더는 자신이 무능해 보이고 서툴러 보이는 것이 싫어서 새로운 툴을 사용하지 않는다.

원격 리더십 모델을 통해 우리는 원격 리더십을 탁월하게 발휘하기 어렵다는 것을 알게 된다. 리더가 잘 다룰 자신이 없는 소통 툴을 사용하여, 이전에 해본 적이 없는 방법으로 역할을 하도록 요구 받고 있기 때문이다. 원격 리더십 모델이 말하는 교훈은 간단하다: 즉, 리더가 하는 역할의 본질은 리더가 역할을 하는 방법만큼 크게 변하지 않았다.

이 책에서는 과거부터 지금까지 리더십이 어떻게 변함없이 이어져 왔는지, 또 오늘날 변화된 업무 환경에서, 리더가 어떻게 새롭게 생각하고 행동해야 할 것인가를 구별해서 이야기해 갈 것이다.

성찰과 실천

원격 리더십 모델을 살펴보고, 다음의 질문에 응답해 보자:

☞ 리더십 및 매니지먼트 기어에 얼마나 익숙한가?

　5점 척도(매우 부정: 1~ 매우 긍정: 5) 기준으로 판단했을 때, 49페이지의 13개 역량 중 어떤 항목에서 뛰어난가? 변화가 필요한 것은 무엇인가?

☞ 툴 및 테크놀로지에 얼마나 익숙한가? 어떤 커뮤니케이션 툴(Zoom, Skype, WebEx, Dropbox 등)이 도움 되는가?

☞ 디지털 소통 툴을 활용하지 않았다면, 어떤 결과가 나타났는가? 앞으로는 어떻게 할 것인가?

☞ 위 응답을 바탕으로, 뛰어난 원격 리더가 되기 위해 어떤 스킬을 습득하고 싶은가?

5장
/ 리더십의 3O 모델 /

원칙 5. 3가지 초점 즉, 성과. 직원. 리더 자신에 맞춰서 리더십을 발휘한다.

가장 위대한 일을 하는 사람이어야만 위대한 리더가 되는
것은 아니다. 가장 위대한 리더는
직원들이 가장 위대한 일을 하도록 만드는 사람이다.

— 로날드 레이건 Ronald Reagan

팀원들이 미국 전역에 흩어져 프로젝트를 수행하는 팀 리더가 있었다. 이 리더는 현재 역할을 잘 하고 있지만, 자신의 한계를 넘어서 일하는 것에 대한 스트레스를 느끼기 시작하였다. 이 프로젝트는 예정된 일정과 예산에 따라 진행되고 있지만, 아시아의 관계자들과 시간을 맞추기 위해 하루를 더 일찍 시작하고 있고, 아이들 취침 시간 후에 회의 시간을 잡아야 했다. 이 팀은 아무 문제 없는 것처럼 보이지만, 이 리더는 피곤하고 지쳐서, 이런 식으로 오래 버틸 수 없을 것 같아 두려워하고 있다. "만약 이런 것이 리더의 역할이라면, 어떻게 계속할 수 있을까요?"라고 의문을 제기했다.

리더십을 어떻게 정의하거나 설명하겠는가?

케빈은 여러 해 동안 교훈과 영감을 주는 그룹들과 함께 연구를 했왔다. 그는 사람들에게 *리더십을 여섯 단어로 정의해 달라*고 부탁을 했다.

사람들이 소속된 조직이나 경험 정도와 상관없이, 핵심적인 단어 2개가 어김없이 등장했다. 가장 공통적인 리더십 관련 단어는 다음과 같다.

- 성과("목표", "미션", "비전", "목적", "성공" 등의 단어로 시작됨)
- 직원("영향력 발휘", "코칭", "의사소통", "팀 빌딩"과 같은 단어로 시작됨)

다행스러운 것은, 좋은 리더십이 어떤 모습인가에 대해 리더들이 업무 환경에 관계없이 공통적인 의견을 보인다는 점이다. 케빈은 이 주제에 관해서는 전문가라고 인정받는 입장이었음에도 불구하고, 수년 동안 수행된 이 연구는 그의 생각과 리더십에 대한 철학에 깊은 영향을 끼쳤다. 우리가 '리더십의 3O 모델'(그림 6)을 개발한 것은, 전 세계 사람들과 했던 이 연구 결과와 함께 그의 오랜 경험에 근거한 것이다.

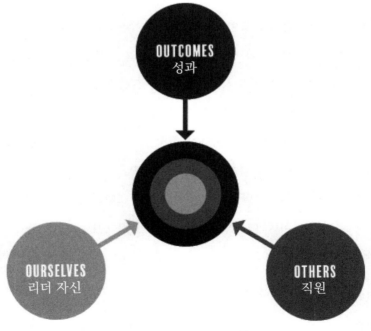

그림6. 리더십의 3O 모델

그림에서 볼 수 있듯이, 리더십의 3O 모델은 최대의 성공을 위해 모든 리더들이 인식하고, 실천해야 할 세 가지 초점을 말한다.

- 성과— 원하는 성과를 달성하기 위해서 직원들을 리드한다.

- 직원— 직원들과 함께, 직원들을 통해 성과가 달성되도록 리드한다.

- 리더 자신— 이 모델에서 리더 자신을 빼놓을 수 없다. 리더십은 성과와 직원들에 관련된 문제이지만, 리더 없이는 이루어기 어렵다.

이 장을 시작할 때의 사례에서, 리더는 처음 두 가지 초점에 대해 매우 민감했다. 성과와 직원들이 우선시되어야 하지만, 직원들을 성공적으로 리드하여 원하는 성과를 달성하기 위해서는 리더 자신에게도 관심을 기울여야한다. 이 사례에서 나왔던 리더는 여러 가지 이유로 자신을 보살피지 못하고 있었고, 바로 그 때문에 자신감과 역량이라는 두 가지 면에서 문제가 나타나기 시작했다.

이 모델은 4장에서 우리가 살펴봤던 원격 리더십 모델의 가장 큰 기어였던 '리더십과 매니지먼트'를 더 완성한 그림이다.

모든 모델과 마찬가지로, 우리의 3O 모델은 복잡한 세계를 명확히 하고, 구분할 수 있는 방법을 제공하며, 우리의 생각과 행동에 우선순위를 결정할 수 있게 한다. 그러나 우리는 이것이 단순한 행동 모델이 아니라, 사고방식이라고 믿는다.

최고의 수준으로 리드하기 위해서는, 성과 및 직원들에 관한 요소를 먼저 생각해야 한다. 비록 리더 자신에 관한 요소가 우리 모델의 중심에 자리하고 있지만, 이것이 리더 자신이 리더십의 중심에 있으며, 자신을 위하는 것이 목적이라는 의미는 아니다. 리더 자신은 중심이 아니라, 핵심적 위치에 있는 것이다. 리더십은 리더 자신을 주인공으로 하여 돌아가지 않는다; 오히려 직원들이 더 나은 성과를 창출하도록 리더십을 발휘해야 하는 것이다. 이 모델은 리더를 주인공으로 생각하지 않지만, 그렇다고 리더가 배제되지도 않는다는 것을 보여주기 위한 것이다. 사람들은 이것을 '*서번트 리더십*'[1] 이라고 부를 것이다. 이런 용어를 사용하든 하지 않든, 우리 중 누구도 직원들과 성과에 대한 서번트가 되지 않고서는 계속해서 성공적으로 리드할 수 없다는 것이 우리의 신념이다. 그리고 리더 자신이 리더십의 주체가 되는 것은 아니지만, 리더가 어떤 사람이며, 어떤 신념을 가지고 있으며, 리더가 어떻게 행동하느냐가 리더의 성공에 결정적 역할을 한다.

이제까지는 리더십의 3O 모델 전체에 대한 설명과 관점을 살펴 보았으니, 이제부터는 각 초점에 대해 생각해 보기로 하자.

성과에 초점

조직은 여러 종류의 성과를 달성하기 위해 존재한다. 요즘 '미션 선언문'이 난해한 방식으로 표현되는 풍조가 성행하고 있지만, 우리가 가장 좋아하는

그림7. 리더십의 3O 모델 – 성과

표현들은 훨씬 더 직설적이며, 우리가 여기서 말하려는 요점을 훨씬 더 잘 전달한다.

- 맥도날드: 고객이 가장 좋아하는 장소이자 고객이 가장 좋아하는 방식으로 먹고 마시게 하는 것이다.[2]

- 구글: 전 세계의 정보를 체계화하여 모두가 편리하게 이용할 수 있도록 하는 것이다.[3]

물론 우리는 높은 차원의 미션 이외의 것도 추구한다. 모든 유형의 목표, 목적, 목표치들이다. 영업팀에는 명확하게 설정된 판매 목표가 있으며, 프로젝트 팀에는 시간, 예산, 품질 기준 등을 포함하여 성공을 파단하기 위한 메트릭스가 잘 정의되어 있다.

일부 사람들은 이것을 관리에 관한 이야기라고 생각할지 모르지만, 우리는 동의하지 않는다. 성과를 달성하게 하는 것은 관리와 리더십 역할의 서로 중복되는 부분이다. 그렇다, 리더는 메트릭스의 세부 사항을 관리해야 하지만, 그것에 도달하는 데 필요한 직원들의 기본 자세 또한 보살펴야 한다. 리더로서 만약 성과에 신경을 쓰지 않는다면, 그것은 리더 본연의 임무를 등한시하는 것이다.

성과에 초점을 맞추는 데 있어서, 원격 근무로 인한 차이점

원격 리더로서 성과에 초점을 맞추기가 훨씬 더 중요하고, 또 더 어려울 수 있다. 다음과 같은 몇 가지 이유 때문이다:

■ **고립.** 직원들이 원격 근무를 할 때, 그들은 더 많은 시간을 혼자 보낼 것이다.(직원들은 함께 모여 있고, 리더만 혼자 있는 경우도 마찬가지다.) 우리가 일하는 장소는 우리의 습관, 생각, 그리고 우리가 초점을 맞추는 것들에 대해 영향을 미친다. 그러므로 이러한 고립은 종종 가장 본능적인 충동을 따르게 만든다. 즉, 마치 홈 오피스에서 단독으로 문제를 해결하고 결정하는 사람인듯, 혼자만 있는 팀인 것처럼 행동하는 것이다. 지침이 없으면, 시간이 갈수록 직원들은 팀 목표 보다는 개인의 목표와 성과지표(KPI)에 집중하게 된다. 리더들은(어디서 근무를 하든) 능동적이고 주도적으로 일하는 사람을 원하지만, 그러나 직원들의 성

과가 전체 팀의 목표에 부합하는지 알 수 있도록 도와야 한다. 그러므로 원격으로 목표를 전달하고, 명확히 하는 것이 더 어려운 것이다.

- **현장 단서의 부족.** 리더가 업무 현장을 방문할 때에 리더는 직원들의 목표와 우선순위에 대한 다양한 단서를 얻게 될 것이다. '품질이 최우선이다' 같은 슬로건, 가장 최근의 안전 통계를 붙여 놓은 '게시판', 또는 모든 회의실에 걸려있는 회사 목표, 업무 장소 등을 보며, 리더가 파악해야 할 것에 관한 매우 명확한 단서를 얻을 수 있다. 이러한 단서는 재택근무를 하는 경우는 얻기 어렵다.

- **(잠재적으로는) 메시지의 반복이 적다.** 리더가 팀과 조직 목표와 성과를 지속적으로, 그리고 다양한 방법으로 전달하고 반복하지 않는 한, 직원들은 자신만의 생각에 빠져 방향을 잃어버릴 수 있다. 특히 외견상으론 공식적인 리더이지만, 직원들이 각각 다른 리더에게 보고하는 매트릭스 조직에서는 더욱 그렇다. 원격 리더의 주요 역할 중 하나는 직원들이 계속해서 성과에 집중할 수 있도록 하는 다양한 방법을 찾아 내는 것이다. 이것을 위해 온라인 포털과 다른 참신한 협업 툴도 사용해야 하겠지만, 개인적 메시지 등 필요한 모든 방법을 동원할 필요가 있다. 가능한 자주, 그리고 창의적으로 의사소통하여, 모든 직원들이 참여하고, 서로 호흡을 맞추며, 팀과 조직 목표에 집중하도록 만들어야 한다.

직원에 초점

리더에겐 관심을 가져야 할 것들이 많다.

- 예산
- 프로젝트
- 프로세스 개선

그림8. 리더십의 3O 모델 - 직원

■ 신제품/서비스 개발
■ 판매
■ 고객서비스
■ 이윤

위 리스트의 일부는 어떤 리더에게나 해당될 것인데, 당신은 여기에 더 많은 것을 추가할 수도 있을 것이다. 당신은 이 모든 것들에 대해 생각을 하고 있지만, 대부분의 일을 직접 하는 사람은 아닐 것이다.

그렇다면 중요한 일들은 많은데 무엇에 집중해야 할 것인지 알기 어려운 난관을 어떻게 극복해야 하는가?

위 목록에 있는 것들과는 전혀 다른 것에 초점을 맞추라: 즉, 직원들에게 초점을 맞춰야 한다.

예를 들어, 다음 항목을 포함하여 앞의 리스트에서 우리가 의도적으로 생략했던 중요한 사항들에 초점을 맞춰야 한다.

■ 직원 코칭
■ 우선순위와 프로젝트에 관한 소통
■ 충원

- ■ 신입 직원 적응 지도
- ■ 지원 및 가이드 제공

원격 리더는 직원들에게 초점을 맞춰야 한다. 다음은 그 7가지 이유이다.

1. **어차피 혼자서는 할 수 없다.** 무엇보다도 가장 분명한 사실부터 밝히고 시작하자. 아무리 노력하더라도 다른 사람 몫까지 모두 혼자서 할 수는 없다. 그리고 만일 그렇게 할 수 있다면, 팀이 있을 필요가 없고, 당신이 리더가 될 일도 없을 것이다. 리더십은 성과를 창출하기 위한 것이지만, 직원들을 통해서 창출되어야 한다.

2. **직원들이 잘 하면, 리더가 잘 하는 것이 된다.** 직원들에게 초점을 맞추려면, 근본적으로 이 사실을 믿어야 한다. 직원들을 섬기면, 리더가 원하는 것이 충족되고, 리더의 목표가 달성되고, 리더의 헌신에 알맞는 인정을 받게 된다는 것을 믿어야 한다. 진실하고 지속적인 승리는 직원들이 승리하도록 돕는 데서 온다.

3. **직원들에게 초점을 맞출 때, 신뢰가 쌓인다.** 신뢰는 팀과 조직의 성공을 위한 강력한 지렛대다. 신뢰가 높으면 업무 만족도, 생산성, 그 외의 많은 것들이 향상된다. 직원들과 신뢰를 쌓고 싶다면, 그들에게 초점을 맞추고, 그들을 신뢰한다는 것을 먼저 보여주어야 한다.

4. **직원들에게 초점을 맞출 때, 관계가 형성된다.** 인간 관계의 친밀도와 그 관계에 존재하는 신뢰도 사이에는 직접적인 상관관계가 있다. 신뢰가 높아질수록 관계의 강도도 높아진다. 탄탄한 업무상의 관계가 더 좋은 결과를 낳는다. 당신은 인간관계를 어떻게 맺는가? 당신이 다른 사람에게 관심을 갖고, 경청하고, 배려할 때 그것이 이루어진다.

5. **직원들에게 초점을 맞출 때, 당신의 영향력이 더 커진다.** 리더로서 우리는 직원들에게 어떤 행동을 강요하거나 강제하기가 어렵다. 만약 그렇게 할 수 있더라도, 그것은 제한된 기간 동안일 것이고, 예상치 못한 결과

를 초래할 수 있다. 우리는 직원들을 통제할 수 없다. 그들에게 영향을 줄 수 있을 뿐이다. 생각해 보라: 누가 당신에게 가장 크게 영향을 미쳤는가? 당신의 필요와 상황을 이해하고 있다는 신뢰를 준 그 사람. 당신에게 가장 좋은 것을 주고 싶어하는 그 사람. 당신 편인 그 사람일 것이다. 그러니 만약 직원들에게 초점을 맞추지 않고서 그와 같은 태도를 어떻게 갖도록 할 수 있겠는가? 명심하라, 영향력이란 내 뜻을 다른 사람들이 선택하도록 돕는 것이다. 분명히 당신은 그들이 단순히 직원으로서 순종하는 것 이상을 원할 것이다.

6. **직원들에게 초점을 맞출 때, 직원들은 더욱 업무에 몰입한다.** 이것은 심오한 진리이다. 직원들은 자신들을 믿고 아끼며, 또 그들의 이익을 우선시 하는 리더와 함께, 또 그를 위하여 일하고 싶어한다.

7. **직원들에게 초점을 맞추면, '앞에 있는 리스트'의 모든 것에서 성공한다.** 위에서 언급한 "초점을 맞추어야 할 사항"의 목록을 다시 살펴보라. 만약 당신이 마음먹고 의도적으로 직원들에게 초점을 맞춘다면, 다른 것들도 더 잘 될 것인가? 우리는 당신이 다른 것들을 무시하거나 직원들에게 완전히 위임해야 한다고 말하는 것이 아니라, 만약 직원들에게 먼저 초점을 맞추면, 나머지는 더 오랜 기간 동안, 더 성공적일 것이라고 말하고 있는 것이다.

왜 직원들에게 초점을 맞추는 것이 옳은 선택인지를 설명하기 위해 더 많은 리스트를 만들 수도 있지만, 위 이유들 중 하나만 해도 충분할 것이다. 리더의 역할은 직원들이 가치 있는 목표와 성과를 달성하도록 지원하고, 지도하는 것이다. 이것을 기억하고 직원들과 그들의 요구에 초점을 맞추면, 리더는 조직과 팀을 위한 더 나은 성과를 얻을 것이고, 리더에게도 당연히 혜택이 돌아올 것이다.

직원들에게 초점을 맞추는 데 있어서, 원격 근무로 인한 차이점

직원들에게 초점을 맞추는 것이 원격 근무일 때는 더 어렵다. 다음과 같은 이유 때문이다:

- 눈에서 멀어지면, 마음도 멀어진다. – 케빈은 이것에 대한 경험이 있다. 몇 년 전에 직원 한 명이 팀에 합류했었다. 그녀는 케빈 방 맞은 편 사무실에서 근무를 시작했으나, 결혼을 하면서 현재 근무지인 인디애나폴리스에서 자동차로 2시간 30분 정도 소요되는 곳으로 옮기게 되어 원격근무로 전환했었다. 매월 정기적으로 한 번씩 출근을 하기는 했으나, 업무는 근무지가 바뀐 것을 제외하고는 이전과 동일했다. 필요한 자원, 시간, 피드백을 효과적으로 제공하며, 그 직원이 성과를 이전과 동일한 수준으로 낼 수 있도록 하기 위해서, 케빈은 전보다 훨씬 더 부지런하고, 창의적이고, 숙련되어야만 했다. 업무는 차질없이 완수되었지만, 더 많은 노력이 필요했다. 케빈은 그녀가 해야 할 일을 명확히 정의해 주고, 정기적으로 확인하며, 웹캠과 다른 소통 툴을 활용하여 그 직원이 목표를 달성하도록 도왔고, 그 직원은 훨씬 더 독립적이고, 자립적이 되었다. 이러한 성과를 감안하더라도, 그 직원이 매일 출근하는 것이 더 낫겠냐고 케빈에게 물어본다면...당연히 그렇다!

  다행히 8개월쯤 후에 남편이 다시 인디애나폴리스에 새 직장을 구했고, 그녀도 다시 사무실로 돌아왔다. 그 직원은 근무형태에 상관없이 훌륭하게 일을 하고 있다.

- 추측이 리더의 생각을 지배하기 쉽다. – 리더는 의식적/무의식적으로 직원들에 대해 추측을 한다. 만약 직원들이 잘 하고 있으리라고 추측하면, 리더는 그들에 대해 "걱정"을 적게 할 것이다. 이것은 팀이 어떤 형태로 일하든 상관없이 발생하는 현상이긴 하지만, 만일 모든 것이 잘되고 있다고 추측하고 있고, 또 직원들을 직접 볼 수 없는 환경일 때,

리더는 그들과 의사소통을 하지 않게 된다. 만일 도움이나 지원이 필요할 때면, 직원들이 알아서 자신에게 요청할 것이라고 기대하거나, 무소식이 희소식이라고 생각하거나, 업무 확인이 직원들로 하여금 자신들에 대한 '감시'라고 여길까 염려한다면, 그런 일들은 리더의 의사소통 내지는 관심 부족으로 이어지며, 마침내는 직원들의 집중력 부족으로 나타날 것이다(그렇게 의도했든 아니든 간에). 원격 리더는 의사소통을 언제, 어떻게 할 것인지를 미리 정해 놓아야 한다.

- 직원들은 리더의 의도를 알아서 이해해 주지 않는다. - 직관적 판단과 이성적 판단을 놓고 보면, 직관이 항상 앞서게 된다. 만약 리더가 직원들을 생각하고 있으며, 그들을 믿고, 또 그들의 성공을 바라고 있다는 것을 직원들이 구체적 행동을 통해 깨닫지 못한다면, 리더의 생각이나 의도는 아무 쓸모가 없다. 케빈은 오래전부터 "사람들은 우리의 입보다 우리의 발에 더 주목한다"고 말했었다. 원격근무 환경에서는, 직원들이 리더의 행동을 쉽게 느낄 수 없게 된다. 진정으로 '직원들'에게 초점을 맞추는 리더가 되려면, 행동을 통해 부지런히 보여줘야 한다.

리더 자신에 초점

리더십의 가장 큰 역설은 리더십이 리더 자신을 다루는 것이 아니라는 사실이다. 앞에서 말했듯이, 근본적으로 리더십은 성과와 직원에 대한 것이다.

그럼에도 불구하고, 자신이 누구인지, 무엇을 믿고, 어떻게 행동하는지 등에 대해 아는 것은 당신이 리더 역할을 얼마나 효과적으로 할 수 있는지에 큰 영향을 준다. 그 점이 우리 조사에 참여한 대부분의 리더들에게, 그리고 아마도 당신이 맞닥뜨리게 될 가장 어려운 문제일 것이다.

그림9. 리더십의 3O 모델 - 리더 자신

리더 자신에 관련한 요인은 리더십의 모델을 구성하는 3O 중 가장 크기가 작지만, 어떤 면에서는 이것이 제일 우선시되어야 한다. 다시 말하자면, 리더는 리더십의 핵심이지만, 리더십 세계의 주인공은 아니라는 점을 기억해야 한다.

앞에서 읽은 내용들이 개념적으로는 맞지만, 실제로는 실천하기 어렵다고 생각할 지도 모르겠다. 이에 대해 조금 더 이야기해보자.

어떤 사람들은 우리가 말하는 것이 "남들에게 어떻게 비추어지느냐"를 중요시하는 것이며, 리더의 성공 방식이 한 가지만 있는 것이 아니기에, 리더 자신의 본래 모습대로 리드해야 한다고 말할 것이다. 그것 역시 맞는 말이지

**리더십의 가장 큰 역설은
그것이 리더 자신에 관한 것이 아니라는 사실이다.
근본적으로 리더십은 성과와 직원들에 대한 것이다.**

만, 일부에서만 적용된다. 우리는 리더가 가식적이지 않아야 한다고 믿는다. 또 당신은 자신의 모습을 리더십에 투영시킬 수 있으며, 성공하는 리더십 스타일이 다양한 것도 사실이다. 하지만 그렇다고 해서 리더의 행동 중 일부를 개선하며, 끊임없이 우선순위를 평가하고, 스킬을 개발하고, 더 나아지려는

선택을 하지 않은 채, 솔직함만을 앞세워 있는 그대로 머물러도 된다는 구실을 주는 것은 아니다.

리더의 핵심에는 자신의 철학과 관심사들이 있다. 그것들이 리더 행동의 추진력이 되며, 직원들과의 관계 설정, 직원들에게 미치는 영향력의 크기, 그리고 궁극적으로는 그들이 당신을 어떤 리더로 받아들일 것인지를 결정하는 요인이 된다.

아마 당신은 원격 리더는 어떻게 해야 되는지가 궁금해서 이 책을 읽게 되었을 것이다. 궁극적으로 리더십은 리더가 무엇을 원하느냐가 중요하고, 그것은 오직 다른 두 가지 초점(성과와 직원들)과 함께 할 때 의미를 갖는다.

리더 자신에 초점을 맞추는 데 있어서, 원격 근무로 인한 차이점

리더가 어떤 사람인지, 또 직원들을 리드하는 태도가 어떠한지는 근무하는 장소를 불문하고 중요하다. 그러나 특히 원격 근무를 하고 있을 때는 상황에 대해 명확하게 파악하고 있기가 어렵기 때문에, 리더의 신념과 상황에 대한 가정이 어느 때 보다 중요해 진다.

그 이유는 다음의 세 가지이다:

가정 Assumptions. 원격 근무에 대한 선입견을 가지고 있을 수 있다. 재택 근무자들이 더 생산적이라는 통계자료[4]를 제시할 수 있지만, 만약 리더가 그것을 믿지 않거나, 혹은 직원들이 재택근무를 하는 동안 개인적인 일도 함께 하고 있을 것이라고 가정한다면, 리더는 통계적 사실보다는 그 믿음에 근거하여 조직을 운영할 것이다. 이러한 가정은 조직을 이끌어가는 방식에 영향을 주게 된다. 실제 직원들이 리더가 생각했던 것과는 다르다는 것을 직접 확인하기가 어렵기 때문에, 리더의 가정이 바뀔 가능성은 매우 희박하다. 또 리더는 직원들에게 얼마만큼 요구해야 하는지, 서로 다른 근무 시간대 조절이나 회의 시간 결정 등의 이슈에서 리더 자신이 어느 정도 수용할 것인지에 대해서도 가정에 의거하여 판단을 내린다. 그래서 때때로, 리더 자신이 더 부담을 지는 결정을 내림으로써 문제를 해결하려는 모습을 보인다.

리더는 자기 자신과 팀에 대해 가정하고 있는 것들을 잘 따져봐야 한다. 기존에 갖고 있는 인식과 현실이 충돌할 때는, 자신의 잘못된 가정들이 있는지 성찰해 보고, 바꾸어야 한다.

의도는 중요하지만, 그것만으로는 부족하다. 이 책 전반에 걸쳐 우리는 모든 것에 계획적이어야 한다고 이야기했다. 하지만 생각만으로 뭔가를 하려고 한 것과, 실제로 그것을 실행하는 것에는 차이가 난다는 어려움이 있다.

연구에 따르면, 사람이 자기 평가를 정확히 하지 못하는 데는 이런 점이 원인이 된다. 다른 사람들은 우리의 행동을 근거로 우리를 평가하는 반면, 우리는 그 일에 대한 우리의 능력이나 의지를 근거로 스스로를 평가하기 때문이다.[5] 상호 작용의 빈도가 낮고, 상호 작용이 강하게 일어나기 어려운, 원격 근무 팀을 이끌 때는 직원들이 리더의 의도를 간파하지 못할 가능성이 높고, 또 리더가 직원들의 요구를 충족시키지 못할 때, 직원들이 상황을 나쁘게 짐작할 가능성이 훨씬 더 높다.

직원들은 지금 리더가 얼마나 바쁜지, 또는 리더가 현재 어떤 상황에 처해 있는지(*공항에 발이 묶였다던지*)를 모른 채 단지 리더가 자신들과의 1:1 면담을 날려버렸다는 것만을 알고 있을 뿐이다.

결정을 내리자. 이 책에서 다루는 아이디어 중 많은 것들이 리더가 성공적인 원격 리더십을 발휘할 수 있도록 도울 것이다. 그러나 실제 행동을 하기 전까지는 그 중 어떤 것도 쓸모가 없다. 원격 리더로서, 당신은 안주하고 싶어 하는 인간의 본성에 거스르는 일을 하기로 결심해야 한다. 직원들에게 더 초점을 맞추고, 직원들의 요구를 성실하게 지원해야 한다. 이 모든 일들은 그렇게 하기로 리더가 결정을 하기 전까지는 이루어지지 않는다.

다른 리더십 모델과의 관계

리더십에 관한 많은 모델들이 있다. 이 책에서도 케빈의 뛰어난 리더십의 13가지 역량(Remarkable Leadership Competencies)을 언급했었다. 이 모든 리더십 모델들에서는 리더십의 개념과, 그것의 실행에 대해 다루고 있다. 그러나 우리는 이 3O 모델이 그 어떤 리더십과 조직의 역량 모델보다, 리더들에게 필요하고 중요한 관점들을 더욱 잘 제공할 수 있는 모델이라고 생각한다.

리더십 스킬이나 역량과 관계없이, 최고의 리더들은 리더십에 관한 세 가지 O에서 그들의 초점과 활동을 효과적으로 관리하고 있을 것이라는 전제가 이 책의 나머지 부분에 깔려 있다. 그리고 각 O에 대해 더 깊게 통찰함으로써, 보다 효과적인 원격 리더십을 발휘할 수 있도록, 구체적이고 확실한 방법을 앞으로 좀 더 자세하게 살펴볼 것이다.

성찰과 실천

☞ 리더로서 창출해야 할 가장 중요한 성과는 무엇이라고 생각하는가?

☞ 당신과 직원들이 성과를 창출하는 데 원격 근무가 어떤 영향을 주고 있는가?

☞ 직원들에 초점을 맞추는 가장 중요한 방법은 무엇이라 생각하는가?

☞ 원격 근무가 직원들에게 초점을 맞추는 데에 어떤 영향을 주는가?

☞ 리더로서의 당신 역할을 어떻게 평가하는가?

☞ 원격 근무가 당신의 신념과 행동에 어떤 영향을 미쳤는가?

제 3부
원격 근무에서의 성과 달성

◈ 3부 소개

> 활동을 성과로 착각하지 말라.
> ─ 존 우든John Wooden, NBA명예의 전당 농구 감독

소프트웨어 설계팀의 신임 팀장이 있었다. 팀원 대부분과 마찬가지로, 그도 팀장이 되기 전에는 몇 년 간 재택근무를 병행해 왔다. 하지만 그의 상사는 늘 출근해서 업무를 하며, 팀원들이 나태하지는 않을까 매우 걱정을 한다. 그는 계속해서 팀장에게 직원들의 업무 진척 상황과 '프로젝트가 기한 내에 완료될 것인지'를 확인하고 싶어한다.

그 팀장은 자기 경험을 바탕으로 팀원들을 믿고 있지만, 재택근무를 하더라도 업무는 잘 수행될 수 있다는 것을 상사에게 확신시키기 위해 고군분투 해야만 했다.

리더는 바람직한 성과를 달성해야 할 책임이 있다. 그러나 원격 근무팀의 팀원들이 성과를 낼 수 있도록 돕는 것은 약간 다르게 접근할 부분이 있다. 여기서부터 시작해 보자.

다음은 원격 리더들로부터 우리가 자주 듣는 질문들이다:

- 직원들은 지금 무엇을 하고 있는가?
- 직원들이 지금 목표를 달성해 가고 있는가?
- 직원들이 집이나 다른 장소에서 근무하면 산만해지지는 않는가?
- 직원들의 업무량은 어떠한가? 일을 너무 많이 하고 있지는 않은가?

심호흡을 한 번 하고, 이 질문을 하나씩 살펴보자

직원들은 지금 무엇을 하고 있는가?

원격 근무하는 직원들을 직접 볼 수 없는 것은 맞지만, 같은 건물에서 근무하는 직원들이 무엇을 하고 있는지 또한 어떻게 알 수 있겠는가? 하루 종일 그들을 어깨너머로 살펴보고 있는가? (만약 그렇다면, 당신은 이 책을 처음부터 다시 읽어야 한다.) 당신이 속한 산업과 직원들이 하는 업무를 알지 않고는 이 질문에 답을 하기가 어렵지만, 사실 그들이 옆 사무실에 있든, 다른 장소에 있든, 무슨 차이가 있겠는가? 케빈은 이 질문에 대해 어떤 고객과 이야기를 나누었는데, 그 고객은 그의 말에 동의를 했다. 그녀는 매일 출근해서는 하루 종일 할인 쿠폰을 모으는 직원을 본 적이 있다고 말했다. 그 직원은 바빠 보여도, 아무런 성과도 내지 못하고 있었던 것이다. 그때 그들은 같은 사무실에 있었다. 결코 원격 근무를 탓할 수는 없다.

직원들은 목표를 달성해 가고 있는가?

업무 수행상의 한 프로세스로서, 그리고 리더로서 이 질문에 대한 대답은 할 수 있어야 한다. 그리고 이 질문은 직원들이 일하고 있는 장소와는 관계없이 해야 한다. 당신이 이 문제에 대해 생각하고 있다면, 다음 문제에 대해서도 생각하고 있을 것이다.

직원들이 산만해져 있는 것은 아닌가?

사실은, 원격 근무 직원들이 당신이나 사무실에서 일하고 있는 직원들보다 덜 산만할 것이다. 하버드 비즈니스 리뷰 지의 연구 논문[1]에 따르면, 원격 근무를 하는 직원들이 실제로 업무상으로는 더 좋은 성과를 낸다고 한다. 그 원인은 좋은 이유(방해 받지 않음) 때문이기도 하고, 일부는 바람직하지 않은 이유 때문이기도 하다(더 많은 시간 동안 일함).

이 말에 동의가 되지 않더라도, 당신의 개인적 경험을 생각해 보자. 사무실에서 일하는 동안 산만하게 하는 일들과 방해거리들이 얼마나 많이 있는가? 그리고 그 중 얼마나 많은 것들이 사무실에 함께 있는 직원들에 의해 야기되는가? 주의를 산만하게 만들고, 생산성을 저해하는 요인들 중 직원들과 관련이 없는 것은 당신이나 원격 근무자나 비슷하겠지만, 분명 그들에겐 방해하는 사람은 당신보다 훨씬 적을 것이다. 원격으로 일하는 데 어려움을 겪는 직원이 당신 팀에도 있을 수 있지만(그것은 원격으로 일하는 모든 직원에 대한 비방의 빌미가 아니라, 코칭할 기회임), 연구 결과에 의하면, 원격 근무를 하면 대부분의 직원들의 생산성이 더 높아진다고 한다.

직원들이 일을 너무 많이 하고 있지는 않은가?

이것은 리더가 하는 질문이 아닐 수도 있겠지만, 당신은 이 질문을 해야 한다. 직원들이 원격으로 일을 할 때(특히 집에서) 경계를 정하기가 어렵다. 전화기와 통신 수단이 항상 가까운 곳에 있기 때문에 흔히 저녁에도, 혹은 아침에 일어나자마자 이메일을 확인하게 된다는 것을 당신은 알 것이다. 사실, 그것은 종종 악순환이 된다. 예를 들어, 어떤 직원은 일하고 있는 것을 보여주고 싶어서 아침에 일어나자마자 이메일 회신을 하고, 아이들이 자고 난 후에도 다시 이메일을 보낸다. 그녀는 더 많은 시간을 일하기 때문에 당연히 더 많은 것을 해 낸다. 그런데 그게 당신이 정말 원하는 것인가?

직원들이 정말로 더 열심히 일하는지, 더 오래 일하는지, 아니면 단지 시간을 때우는지를 아는 것은 중요하다. 특히 직원의 일부는 사무실에서 일하고, 일부는 집에서 일하는 하이브리드 팀을 리드할 때는 더욱 그렇다. 이 때 짐작으로 상황을 추정을 하면, 문제를 야기할 수 있다. 예를 들어, 사무실에서 일하는 직원이 재택 근무하는 직원의 이메일이 상시로 오는 것을 본다면, 사무실에서 근무하는 직원은 퇴근을 늦게 하거나 노트북을 집에 가져가겠다는 결정을 할지도 모른다. 반대로, 만약 재택 근무자가 저녁 8시에 집에서 메일을 보냈는데, 사무실 근무 자들이 오후 5시부터는 이메일 회신을 멈춘다면, 그는 사무실 근무자들이 열심히 일하지 않는다고 여길지도 모른다.

제 5부, 원격 리더의 자기 관리에서 더 자세하게 이야기하겠지만, 당신이 직원들과 소통할 수 있는 시간, 근무 시간, 주말 근무 여부 등에 관한 합리적 범위를 명확히 설정하고 있는지 확인해 보라.

실제 이슈

앞의 질문들(또는 유사한 질문)이 불편하게 여겨진다면, 거기엔 세 가지 이유가 있을 것이다:

■ 당신은 목표 달성보다는 업무 수행에 초점을 맞추고 있다. 다음 질문을 생각해 보라.

어느 쪽이 더 중요한가, 직원들이 오래 또는 열심히 일하는 것인가, 아니면 주어진 시간 내에 일이 완성되는 것인가? 결국 우리가 원하는 것은 결과가 아닌가? 이 질문은 일을 하는 목표와 일의 방식을 무엇에 초점을 맞출 것인지 묻는 것이다. 이 질문은 일에 대한 초점의 변화를 가져올 수 있다. 그러나 그 변화에 이성적으로는 동의한다고 하더라도, 실제로 실행하는 데는 어려움을 겪을 수도 있다. 케빈도 성과에 집중하는 것이 중요하다고 확신하며, 또 그것을 가르치기까지 하는 사람이지만, 그도 종종 이런 생각의 오류에 빠질 때가 있다. 그는 근무시간을 정해 두지는 않고 있지만, 그는 아침형 인간이다. 그러므로 때때로 누군가가 자신의 기대보다 늦게 로그인하면, 신경이 날카로워진다. 그 순간 그는 업무의 질이 문제라면, 왜 부수적인 것에 신경을 쓰는가? 하는 생각을 떠 올린다. 그 서류가 금요일 회의 전까지만 완성된다면, 그것을 오전 9시에 하든 오후 6시에 하든 상관 없는데, 왜 염려하느냐는 것이다. 이 점을 명확히 하는 것이 중요하다: 즉, 당신의 임무는 직원들이 계획된 업무를, 품질기준에 따라, 정해진 일정에 맞춰 완료할 수 있도록 지원하는 것이다. 그리고 골치 아픈 문제 하나 논의해 보자. 일이 잘 수행되고 있고, 다른 직원들에게 피해를 주지 않는 한, 재택 근무시간에 빨래를 한다고 해서 왜 문제가 되는가?

- 산만해 질 수 있겠다는 당신의 생각이 다른 사람에게 투영되고 있다. 당신은 집에서 혼자 일하는 환경을 견디기 힘들어 하거나, 굳이 차를 타고 사무실로 가는 근무 형태가 맞는 사람일 수 있다. 만약 그렇다면, 그것도 괜찮다(규칙적인 리듬이 만들어져서 재택근무에서 오는 어려움을 극복하게 해 줄 수도 있다), 하지만 당신이 혼자서 일하는 환경을 힘들어 한다고 해서, 또는 이전에 그런 적이 있다고 해서, 직원들도 그렇다는 법은 없다.

- 당신은 근본적으로 "고양이가 없으면, 쥐가 하고 싶은 대로 할 것"이라고 믿는 사람이다. 만약 리더가 직원들은 감독할 때만 효과적으로 일한다고 믿는다면, 어떤 팀을 리드하더라도(특히 원격 근무 팀을 이끄는 데) 지장을 받을 것이다. 단지 당신이 없다고 해서 직원들이 시간을 낭비할 것이라고 생각하는가? 다음 사항을 기억하라: 만약 직원들이 일을 잘 수행하고 있다면, 당신은 실제로는 무엇을 걱정하고 있는 것일까?

그리고 정말 중요한 이유가 하나 더 있다:

- 당신은 자신이 더 강한 통제를 하고 있다고 느끼고 싶어한다. 위의 문제들 중 적어도 몇 가지는 이러한 관점에 기인한다: 만약 당신이 원격 근무 직원들로 하여금 성공적인 성과를 내도록 이끌 수 있는 능력에 대해 걱정한다면, 당신은 이 같은 통제에 관련된 문제를 가지고 있을 수 있다. 만약 직원들이 훈련을 잘 받았고, 그들이 필요로 하는 툴과 자원을 가지고 있고, 당신의 지원을 받는다면, 당연히 그들은 성공할 것이

다. 만약 당신이 통제에 어려움을 겪고 있고, 또 마이크로 매니지먼트를 하고 있다면(그때 그때 세세한 것에 대한 정보를 일관되게 받는다면, 아니라고 생각하더라도 당신은 마이크로 매니지먼트를 하고 있는 것이다), 원격으로 리드하는 데는 더 많은 어려움을 겪을 것이다.

만약 당신이 방금 읽은 이 항목들 중 하나라도 고개를 끄덕이고 있다면, 당신을 위해 몇 가지 제안을 하겠다.

프로세스를 함께 구축하라. 업무를 도와 줄 보조물, 업무 절차, 체크리스트, 그리고 검증된 템플릿은 좋은 성과를 내는 데 핵심이며, 특히 직원들이 동료들로부터 쉽게 보고 배울 수 없는 떨어진 환경에서는 필수적이다. 직원들이 이러한 프로세스에 무엇인가 자신의 의견이 반영될 때, 참여도와 성공률은 훨씬 더 높아질 것이다. 그리고, 이러한 과정은 직원들의 진전과 상태에 대한 단서도 제공할 수 있다; 다시 말해서, 그들이 이룰 진전과 성취를 예측할 수 있는 척도가 될 것이다.

상호 간에 기대를 명확하게 하라. 업무와 성과에 대한 기대를 서로 합의해 두는 것이 중요하다. 그리고 성공을 어떤 기준으로 평가할 것인지도 미리 합의되어야 한다. 직원들은 동료가 퇴근 시간 전에 완성된 업무를 전달하려고 애쓰고 있다는 것을 알게 되면, 그것을 일찍 전달받지 못했다고 화를 내고 앉아 있는 일은 줄어들 것이다. 또한, 자신들이 규칙을 만드는 데 참여했을 경우에는, 직원들은 그 규칙을 준수하고, 더 나은 팀 동료가 되려고 노력한다. 이것은 특히 프로젝트 팀에게 중요하다. 프로젝트 팀에서는 팀원들이 정기적으로 서로가 투입한 정보에 의존하기 때문이다. 그러나 종종 "각자 도생한다"라는 느낌을 주는 영업팀에서도, 그것은 모든 팀원들을 서로 결속시키며, 누구를 편애하려는 마음을 줄이는 데 도움이 된다.

당신의 관점을 바꿔라. 조사 결과에 귀를 기울이고, 더 많은 관심을 가지면, 원격 근무하는 직원들의 생산성에 대한 당신의 관점이 바뀔 것이다. 특히 당신이 우리의 충고를 받아들인다면, 그들은 매우 생산적이게 될 것이다.

당신이 통제할 일이 줄어들게 하라. 이것이 말처럼 쉽지 않다는 것을 알지만, 우리는 당신이 통제할 방법을 찾기 보다는 영향력을 미칠 방법에 대해 생각하기를 권한다. 직원들에게 필요한 스킬을 습득하도록 교육하고, 피드백과 격려를 하고, 성공에 필요한 자원과 툴을 제공하는 것을 확실히 하라, 그 다음에는 직원들이 스스로 하도록 내버려 두라. 실행하기 앞서서, 우리를 따라 이렇게 구호를 외쳐보자: 그냥 내버려둬!

6장
/ 달성해야 할 성과의 종류 /

원칙 6. 리더로서 성공하려면, 여러 종류의 성과를 달성해야 한다.

목표를 가진 사람들은
그들이 어디로 가고 있는지 알기 때문에 성공한다.

— 얼 나이팅게일 Earl Nightingale, 작가 및 라디오 진행자

재택근무를 통해 고객 서비스를 하는 팀이 있었다. 그 직원들은 각각 개별적인 성과 목표를(하루에 걸려오는 전화 횟수, 첫 번째 전화에서 업무가 완료되는 횟수, 팀장에게 까지 올라가게 되는 전화 횟수 등) 가지고 있었다. 또한 그들은 서로의 경험과 모범 사례를 공유함으로써 서로에게 필요한 정보를 신속하게 나누도록 권유 받았다. 팀장은 직원들의 개별 성과 목표는 달성되고 있지만, 파일 공유 사이트를 이용하거나 서로의 질문에 응답하는 직원은 거의 없다는 것을 발견했다. 따라서, 몇몇 목표들은 분명히 충족되고 있지만, 전체적인 팀 소통은 바람직스럽지 못했다. 모든 직원들이 콜 센터에서 함께 일할 때는 이런 문제가 없었고, 팀장은 어떻게 해야 할지 곤혹스러웠다.

"리더십은 성과에 관한 것이다"라는 말이 맞기는 하지만, 그러나 그 말 자체만으로는 구체적이지도 않고, 도움이 되지도 않는다. 결국, 팀에는 조직(회

사)이 달성하려고 하는 여러 종류의 성과 목표들이 있고, 원격 리더로서 그것들이 무엇인지를 알고, 그것들에 대해 생각을 하며, 그것들을 팀원들이 달성하도록 도와야 하는 것이다.

이 장의 다음 부분을 읽으면서, 우리가 말하는 것에 고개만 끄덕이지 말고, 뒤에 이어지는 질문 내용을 생각해 보라. 그 특정 영역들에 대해 지금 당신이 얼마나 초점을 맞추고 있는지, 그리고 직원들과 이러한 성과와 관련해서 얼마나 자주 대화하고 있는지 자문해 보라.

조직(회사)의 성과

당신 조직에는 존재 이유가 있고, 당신이나 당신 팀, 그리고 조직이 전체적으로 그 존재 이유에 충분히 부합하지 못한다면, 좋은 성과가 나오지 못할 것이다. 조직의 규모에 따라, 당신이 이러한 조직 목표를 설정하는 데 직접 관여하는 경우도 있겠고, 혹은 그 목표를 이해한 후에 팀원들이 해당 목표에 도달할 수 있도록 도와주는 역할만 수행할 수도 있을 것이다.

예를 들어, 당신이 소규모 조직에서 일하는 경우, 해당 연도의 조직 목표가 설정되는 미팅에 참석할 수도 있다. 그런 경우, 그 목표에 대한 당신의 이해 수준(그리고, 바라건대 달성 의지)은 높아야 한다. 만약 당신이 대기업의 중간 리더라면, 그것이 결정되는 회의에 당신은 참여하지 않을 것이다. 하지만 그 내용들을 이해하고, 팀원들에게 성공적으로 전달하는 일이 결코 가벼운 것은 아니다.

목표가 어떤 과정으로 설정되고, 누가 설정하든 간에, 그것이 매우 명확할 때, 직원들(개인적으로, 그리고 집단적으로)의 목표 달성을 도울 수 있다. 조직 규모가 클수록 당신의 목표와 조직 전체의 목표 사이에 중간 조직 목표(예: 사업부, 부문)가 있을 것이다. 그러나 아무리 여러 단계의 목표가 있더라도,

목표를 이해하고, 팀원들과 그에 관해 소통하고, 팀원들의 업무를 이 목표와 일치시키는 것은 당신의 책임이다.

다음의 질문을 생각해 보라:

- 조직(회사)의 목표는 얼마나 명확한가?
- 당신은 얼마나 자주 조직 목표에 대해 생각하는가?
- 팀에서는 얼마나 자주 조직 목표의 진척 상황을 논의하는가?

팀의 성과

조직 목표들 중 일부는 큰 그림을 그리고는 있지만, 당신 팀에게는 해석하기가 다소 어려운 경우도 있을 것이다. 팀 목표는 직원들이 달성해야 할 구체적인 성과들이다. 조직 목표를 설정하는 데서 당신이 어떤 역할은 하는지는 조직의 크기와 기업 문화에 따라 달라질 수 있겠으나, 팀 차원에서는 이 책임은 전적으로 당신에게 있다. 우리는 거의 모든 유형의 조직에 근무하는 리더들과 함께 일을 하고 있는데, 팀 목표를 명확하게 모르는 경우가 많다.

우리는 그 이유가 다음과 같다고 본다:

- 목표를 알고 있을 것이라고 짐작한다. "우리 모두는 목표가 무엇인지 알고 있을 것이다."
- 목표가 너무 막연하다. "신제품을 출시한다"라는 것은 목표라고 할 수 없다.
- 목표가 자주 검토되지 않고 있다. "지난 12월에 있었던 전략회의에서 그런 얘기들을 했었죠."

팀원들이 같은 장소에서 근무를 할 때는, 리더는 그들과의 잡담이나 잠깐씩 나누는 대화에서 목표를 명확히 할 수 있는 기회가 있다. 그러나 원격 근무를 하는 직원들이 있게 되면, 이 같은 기회를 잡기가 쉽지 않다. 직원들은 자신들이 하는 일이 팀 목표와 성공에 부합하고 있는지 알아야 한다. 리더인 당신 스스로에게 다음과 같은 질문을 해 보라.

- 팀 목표가 얼마나 명확한가?
- 팀 목표에 대해 얼마나 많이 생각하는가?
- 직원들 모두가 팀 목표를 알고 있는가?
- 팀 목표에 대해 혼동이 있다는 징후가 있는가?
- 얼마나 자주 팀 목표의 진척 상황을 검토하는가?

개인의 성과

직원들은 자신이 책임을 져야 하는 성과가 무엇인지, 자신이 어떤 목표를 향해 일을 하고 있는지, 그리고 무엇을 기준으로 성공 여부가 평가되는지 알아야 한다. 심지어 직원들이 공동으로 팀 업무를 할 때도, 개별적인 목표가 필요하다. 이 문제를 스포츠의 관점에서 생각해 보라. 팀은 전체적인 성과를 염두에 두고 있다(승리).

그리고 팀의 일부 포지션(공격 파트, 수비 파트)에 대한 성과도 생각한다. 그러나 그러한 모든 공동의 성과와는 별개로 선수들도 개인적 목표가 필요하다.(개별 득점 또는 통계에 의해 측정되는 평점). 단기적인 목표를 넘어서, 그들은 자신의 전반적인 경력 개발까지 생각하고 있어야 하며, 리더 또한 그 문제에 관해 해야 할 역할이 있다.

리더는 팀 성과와 개인 성과 모두 관심을 가져야 한다. 흔히 원격 근무 직원들은 개인 목표에만 관심을 갖게 된다. 그러므로 협업은 원격 근무를 할 때 더 어렵다; 협업은 자연스럽게 저절로 이루어지는 것이 아니다. 리더들은 이 사실을 인식하고, 직원들 간의 의사소통을 촉진하도록 도와야 한다.

원격 근무를 하면, 외딴섬에서 혼자 사는 것과 같이 느낄 수 있다는 것을 기억하라.

상호작용은 줄어들고, 그 중 어떤 것도 우연히 일어나지 않는다. 확실하고 명확한 목표가 없다면, 개인은 표류할 수 밖에 없고, 조직 목표인 큰 그림과 그들 자신의 역할 또한 망각할 수 있다. 그렇기 때문에 전자 대시보드, 인트라넷 및 온라인 프로젝트 관리시스템 같은 툴이 매우 중요하다. 그것들은 직원들이 멀리 떨어져 있을 때도 그들을 연결할 수 있게 해 주기 때문이다.

여기서 한 가지 더 말하자면, "자기 섬"에 있는 직원들은(다른 직원이 사무실에 있건, 그들 각자의 섬에 있건 간에) 다른 직원들의 개인적인 기여, 역할, 그리고 목표에 대해 잘 모르고 있을 수 있다. 다른 직원의 일에 대해 전혀 알지 못할 때, 그들로부터 받는 질문 내용에 대한 이해가 떨어지고, 그들이 지금 바쁘지 않다거나, 그들이 하는 일이 중요하지 않다고 짐작해 버리는 등의 문제가 발생한다. 이 같은 서로에 대한 정보와 이해 부족은 팀 내 분열, 의사소통 미비, 좌절감, 갈등을 일으키는 원인이 될 수 있다. 직원들이 동료들의 잘한 일에 대한 소식을 듣게 하고, 서로에 대한 신뢰를 쌓을 기회를 갖게 하는 것은 리더의 책임이다. 그 일을 하기엔 당신이 너무 바쁘든, 아니면 그 일이 지나치게 힘들다고 생각하든, 이것은 반드시 받아들여야 하는 원격 리더십 과제 중 하나이다.

원격 리더로서, 팀원들이 다른 팀원들의 역할과 목표에 대해서도 파악하고 있도록 하라. 또한 각 팀원에게 이 문제에 대한 점검을 얼마나 자주 할 것인지도 결정해 두라. 이것은 원격 근무 팀원들이 내팽개쳐진 느낌을 갖거나, 세세하게 감시 받는다는 생각이 들지 않도록 하는 데 도움이 될 것이다.

잠깐만, 추가할 것이 있다.

지금까지 우리는 어떤 유형의 조직에 있는 리더라도 알고 있어야 할 '성과에 대한 핵심'을 이야기 해 왔다. 조직이 달성해야 할 성과에 대해서도 얘기했다. 그러나 보다 세분화된 운영상의 성과에 대해서는 아직 언급조차 하지 않았다.

성과에 대한 생각을 할 때, 당신은 아마도 결과를 염두에 둘 것이고, 그리고 그것을 목표라고 부를 것이다. 목표의 중요성은 아무리 강조해도 지나치지 않으며, 우리는 다음 장에서 원격 근무 팀에서 목표를 어떻게 설정할 것인지에 대해 이야기할 것이다. 그러나 이러한 성과에 근거한 목표는 우리가 여기서 논의해야 할 성과의 한 종류일 뿐이다. 일상적 근무 기준에서는, 아마도 목표보다 더 중요한 것은 기대일 것이다.

기대는 '큰 그림'을 향한 목표나 '반드시 해 내야 할 일'에만 관련된 것이 아니다. 그것들은 일을 어떻게 수행하는가에 관한 것이다: 즉, 함께 일하는 데 필요한 규칙, 서로를 지지하고 돕는 방식, 어떤 툴을 사용할 것인지, 그리고 의사소통이 어떻게 잘 이루어지도록 할 것인가에 대한 것이다.

명확하고, 납득이 되고, 상호 합의된 기대가 성공적인 수행을 위한 필수적 기반이며, 당신이 더 성공적으로 일을 하기 위해서도(더 안정적이고, 스트레스는 적게 받는) 중요하다. 즉, 기대가 분명하고, 납득이 갈 때, 직원들이 성공적으로 일을 할 가능성이 더 높다는 얘기다. 게다가 위에서 설명한 성과에 도달할 가능성도 더 높아진다.

케빈은 워크샵을 시작할 때, 사람들이 그 워크샵을 통해 달성할 목표와 기대를 명확히 하도록 하기 위한 활동을 한다. 기대를 기록해서 다른 사람들과 공유하는 것도 포함된다. 그 다음으로 이어지는 활동 결과에 대한 평가에서는, 참가자들은 자기 업무에 바로 적용할 기대에 관한 몇 가지 중요한 사항을 밝힌다:

- 기대가 명확성을 제공한다. 그것을 기록할 때 더 명확해진다. 직원들에 대한 당신의 기대는 기록되어 있는가, 아니면 짐작으로 알고 있는가?

- 기대는 집중하게 만들고, 우선순위를 결정한다. 그것은 목록 중에서 가장 중요한 것이 무엇인지 명확하게 알 수 있도록 돕는다. 업무 중 가장 중요한 부분에서 당신과 손발이 맞지 않는 직원들이 있는가?

- 기대는 일할 분위기를 조성해 준다. 기대를 말로 나누는 것은 모든 직원들이 자신의 기대와 팀 내 다른 직원들의 기대를 이해하는 데 도움이 된다. 이는 팀 내에 외톨이가 없도록 하는 데 도움이 된다. 직원들과 그들의 기대에 대한 대화를 해 본 적이 있는가?

- 기대는 상호간에, 명시적으로 합의되어야 한다. 명시적인 합의가 이루어지지 않으면, 직원들은 혼자만의 추측을 하게 되고, 서로 교류가 드물수록 기대에 대한 불일치는 커진다. 논의도 없이 이메일을 보내는 것만으로는 명확성이 주어지거나 상호 합의가 이루어지지 않는다는 것을 기억하라.

직원들이 자신들에 대해 당신이 무엇을 기대하고 있는지를 모르는데, 어떻게 당신의 기대에 부응할 수 있겠는가?

직원 모두 당신의 기대를 "알아야 한다"고 생각하기 전에, 우리가 당신에게 질문 하나를 하겠다.

이 글을 읽으면서, 정말 "변화시키고 싶은" 직원을 생각하고 있는가? 그 직원을 더 효과적으로 리드할 수 있는 방법을 찾는 것이 이 책을 읽는 목적 중 하나인가?

그렇다면, 스스로에게 다음과 같은 질문을 해 보라. 그 직원은 당신이 그에게 기대하는 것이 무엇인지를 알고 있는가? 왜냐하면 케빈의 워크숍에서 보는 것처럼, 만약 그 직원에게 당신이 무엇을 기대하는지 모른다면, 그가 어떻게 당신이 원하는 것을 할 수 있겠는가?

직원들과 명확하고, 상호 간에 납득이 되는 기대를 설정하는 것은 리더로서 할 수 있는 가장 중요한 일 중 하나이다. 이것은 직원들이 자기 위치에서 원하는 성과를 창출할 가능성을 높이기 위해 당신이 할 수 있는 가장 간단한 일인 셈이다. 그들의 성공과 자신감을 위해, 그리고 당신이 스트레스 받지 않기 위해, 이렇게 하는 것이 중요하다는 말은 아무리 강조해도 지나치지 않는다.

원격 근무 직원들은 리더와의 상호 작용이 많지 않아서 가이드를 받거나 기대를 설정하기 어려운 상황이기 때문에, 원격으로 이 일을 하는 것(가능한 경우)은 훨씬 더 중요할 수 있다. 하지만 우리의 경험상, 많은 리더들은 같은 건물에 있는 직원들과도 이것을 잘 하지 못하고 있다. 근무 장소와 관계없이, 직원들과 기대가 명확해 질 수 있도록 시간을 투자하라. 그렇게 하면, 직원들을 성공으로 이끌어 갈 성과에 대해 훨씬 더 명확한 그림을 그들에게 제공하는 셈이다.

성찰과 실천

☞ 상위 조직의 성과 목표는 명확하게 설정되어 있는가?

☞ 팀 목표는 명확하게 설정되어 있는가?

☞ 직원 개개인의 목표는 명확하게 설정되어 있는가?

☞ 팀원들에 대한 기대는 명확한가?

☞ 만약 그렇지 않다면, 언제 이것을 명확하게 할 것인가?

7장
원격 근무에서의 목표 설정과 달성

원칙 7. 목표 설정에 그치지 말고, 그것을 달성하는 데에 역점을 둔다.

목표를 세우는 것이 주가 아니다. 그것을 달성하기 위해
어떻게 할 것인지를 결정하고, 그 계획을 실행해 가는 것이다.

— 톰 랜드리 Tom Landry, 명예의 전당 축구 감독

> 팀원 중에서 재택근무를 하는 직원이 3명인 영업팀이 있었다. 다른 직원들은 고객과 미팅을 위해 외출할 때를 제외하고는 대부분 사무실에서 함께 일했다. 팀장은 5년 동안 팀을 이끌어 왔다. 지난 1년 동안 그들은 재택근무를 더 많이 하게 되었고, 사무실로 출근하는 경우는 훨씬 줄어들게 되었다. 역량 있는 직원들은 목표를 달성하고 있었고, 어떤 직원들은 자기 목표를 초과 달성하기도 했지만, 신입 직원들은 어려움을 겪고 있다. 팀장은 신입 직원들에게 더 많은 시간을 투입하고 있으나, 그들은 선배들의 성공담이나 조언을 듣지 못하고 있다. 팀의 성과는 현재 괜찮은 편이지만, 팀장은 직원 개인들의 성과 관리에 너무 많은 시간을 소비하느라 전략 수립을 위한 여유가 없다. 그는 단기 목표에 너무 많은 시간을 투입하고 있는 것이다.

목표 설정에 관한 서적에는 큰 맹점이 있다고 우리는 생각한다. 이 주제에 관한 아무 책이나 골라 보라. (당신 책장에 먼지가 쌓여 있는 그 책 말이다.) 그

책들에서는 목표 설정을 위한 아주 구체적인 과정을 잘 설명하고 있는 것을 보게 될 것이다. 이것 자체가 문제라는 것이 아니다. 문제는 대부분의 책들이 힘들게 설정한 목표를 어떻게 달성할 것인가에는 역점을 크게 두지 않는다는 것이다.

· ·

회사가 겪는 문제점이 책을 통해 리더십을 배우는 우리의 문제를 그대로 반영하고 있다:

**즉, 목표 달성이 핵심이 되어야 하는데,
목표 설정에 초점을 맞추고 있다는 것이다.**

· ·

이런 현상은 모든 조직과 팀에서 잘 나타난다. 회사는 연간 목표를 언제까지 설정할 것인지 그 완료 일을 정한다. 이렇게 되면, 회사 업무들이 목표 설정에 초점이 맞춰지게 되고, "실제" 업무를 수행해야 할 시간에 목표 설정을 위한 회의가 이어진다. 목표를 확정하고 나면, 팀에서는 집단으로 안도의 한숨을 쉰다. 일상 업무에 복귀하기 앞서 그들은 일종의 축하 회식을 하거나, 적어도 목표에 대한 공식적 선포를 한다. 그러다가 10개월 정도 지나면, 이 과정이 반복된다.

회사가 겪는 문제점이 책을 통해 배우는 우리의 문제를 그대로 반영하고 있다: 즉, 목표 달성이 핵심이 되어야 하는데, 목표 설정에 초점을 맞추고 있다는 것이다. 우리가 방금 이야기한 다소 냉소적인 시나리오와 유사하게 진행되고 있는 것을 당신 조직에서 발견했다면, 좋은 징조이다: 당신은 그것을 바꿀 수 있기 때문이다. 그리고 당신이 그 변화를 만들 때, 당신의 팀은 빠르게 향상되고, 지속적인 성과를 얻게 될 것이다. 지금까지는 우리의 관점을 이야기했고, 이제부터는 원격 근무 환경에서 목표 설정을 보다 효과적으로 하는 것과, 그 목표가 달성되도록 리더가 어떻게 도울 수 있는지에 대해 이야기하도록 하자.

원격 근무에서의 목표 설정

대부분의 사람들은 목표가 SMART해야 된다는 것에 동의한다.

SMART는 많은 책에서 즐겨 쓰는 영문의 축약어다. 모든 사람이 동일한 단어를 사용하는 것은 아니지만, 우리는 다음과 같은 용어를 사용한다.

- 구체적인 Specific
- 측정 가능한 Measurable
- 실행 가능한 Actionable
- 현실적인 Realistic
- 시한을 정해 둔 Time-driven

SMART가 널리 사용되는 이유는 이 다섯 가지 항목이 함축하고 있는 지혜를 반박하기 어렵기 때문이다. 설정된 목표가 이 다섯 가지를 담고 있을 때, 당신의 목표가 달성될 가능성은 높아진다. 우리 경험에 의하면, 사람들은 이 다섯 가지 기준들 중 두 가지 기준, 즉 측정 가능한 것과 현실적인 조건을 결정하는 것이 원격 근무에 적용시키기가 가장 어렵다고 느낀다. 이 두 항목에 대해 이야기해 보고, 또 만약 당신이 아직 이 항목에 익숙하지 못하다면, 그것에 도달하기 위한 어려움은 무엇인지 살펴보기로 하자.

측정 가능한 목표 설정

어떤 목표는 측정하기가 쉽다. 만약 당신이 영업팀을 이끌고 있다면(원격이든 아니든) 당신은 큰 문제가 없을 것이다. 결국, 판매 목표는 명확히 측정할 수 있는 것이기 때문이다. 판매량을 보면, 목표에 얼마나 근접해 있는지 알 수 있을 것이다. 측정 가능한 목표를 찾기 위해 깊이 생각할 필요가 없는 다른 업무들도 있을 것이다. 어떤 업무에서는, 가시적으로 측정할 수 있는 목표가 없기 때문에 측정 가능한 목표를 설정하기 위해 리더가 더 노력해야 될 수도 있다. 직원들의 업무를 측정 가능하게 하기 위해, 직원들의 노력과 기여도를 계량화 할 수 있는 방법이 있는지 자문해 보라. 다음과 같은 질문이 도움이 될 수 있을 것이다.

- 업무에서 **양**으로 평가되는 항목은?

- **시간**이 업무의 성공에 어떤 영향을 미치는가?

- 업무의 **질적 수준**을 어떻게 판단할 것인가?

우리가 앞에서는, 직원들이 원격 근무를 할 때, 직원들이 무엇을 하고 있을지에 대한 리더의 우려를 없애 주려고 노력했지만, 만약 측정할 수 있는 목표를 찾아 낸다면, 그런 우려는 줄어들 것이다. 목표 측정은 항상 명확해야 하지만, 원격 근무 직원들에게는 목표를 작게 쪼개서 설정하는 것이 훨씬 더 중요하다. 흔히 직원들이 혼자 일을 하는데 업무 목표가 너무 클 경우에는, 실수를 깨닫고 바로잡아야 할 필요성을 알기까지 시간이 너무 많이 걸린다. 아마도 그들은 어려움과 씨름하고 있으면서도 어려움을 겪고 있다는 것을 인정하고 싶지 않을 수도 있고, 아니면 목표 미달 보고 시기를 놓쳤기 때문에 앞으로 목표 달성이 어렵다고 생각하면서 일을 하고 있지도 모른다.

웨인Wayne은 이런 경우들을 와일 이 코요테Wile E. Coyote의 순간이라고 부른다. 코요테는 만화 속에서 총알처럼 빠르게 달리는 캐릭터인 로드러너 Road Runner를 쫓아 다닌다. 정신없이 쫓다가 아래를 보면, 허공에 떠 있고, 이를 깨닫는 순간 곧바로 추락한다. 그가 추락할 때 우리는 웃지만, 그에게는 웃을 일이 아니다. 당신의 직원들 또한 일이 한참이나 진행된 뒤 잘못 되었다는 것을 깨닫고는 많은 업무를 다시 하거나, 아니면 크게 수정을 해야 할 때, 이와 같은 낭패감을 맛보게 될 것이다. 의식적으로 업무 진척 상황을 자주 측정해 봄으로써 상황을 개선시킬 수 있다. 직원이 일을 제대로 하고 있는 것을 안다면, 리더는 마음 편히 있을 수 있다. 만약 어느 직원의 업무 목표 완료일이 가까워졌다는 것을 안다면, 당신은 그에게 필요한 추가 자원이나 도움이 있는지 챙기게 될 것이다

이 질문들이 확실히 도움이 되긴 하지만, 그것들이 모든 업무나 각 업무의 모든 부분에 측정 가능한 목표를 세우는 어려움을 해결하지는 못한다.

앞선 사례의 영업팀장 경우를 생각해 보자. 확실히 그는 직원들이 얼마나 많은 외부 전화나 약속을 잡는지는 측정하고 있다. 하지만 그들이 동료들과 얼마나 자주 소통을 하고 있는지도 확인하고 있는 것일까? 팀 내 모범 사례 공유가 목표라면, 영업팀의 고성과자는 팀장이 부탁한 대로 Q&A 사이트에 의견을 올리거나 신입 직원을 지원했는가?

두 유형의 목표

우리는 이미 직원들의 업무 내용과 일하는 방법에 대해 이야기했다. 대부분의 사람들은 우리가 방금 논의한 "무엇" (또는 결과)에 관련한 목표에 대해 생각한다. 그러나 그것이 사람들이 일을 어떻게 하고 있는지("과정"에 대한 목표)에 대한 완전한 그림을 보여주지는 않는다. 당신이 아직도 원격 근무 직원들이 당신의 눈이 미치지 못하는 곳에서 뭘 하고 있는지 염려가 된다면, 다음과 같은 목표 설정이 큰 도움이 될 것이다.

제리 세인펠드 식의 전략?

인터넷을 검색하면, 제리 세인펠드[1] Jerry Seinfeld 가 말했던 목표 달성을 위한 전략을 찾을 수 있다. 그 개념이 상식에 맞기 때문에 우리는 여기서 그것을 공유하고 싶다.

아이디어는 간단하다: 만약 결과 목표가 더 훌륭한 희극배우가 되는 것이라면, 그 과정 목표는 매일 새로운 조크를 쓰는 것이 될 수도 있겠다. 실제 제리는 젊은 코미디언에게 커다란 연간 달력을 자기가 항상 볼 수 있는 벽에

걸어 놓으라고 권했다. 그리고 그녀가 새로운 조크를 쓴 날에는 빨간색의 X 표시를 하라고 말했다.

그 다음 목표는 X의 체인이 끊어지지 않게 하는 것이 될 것이다.

우리는 이 전략이 효과가 있다는 것을 증명할 수 있고, 당신도 여러 곳에서 그것을 확인 할 수 있다:

■ 라이프해커 Lifehacker, 프로덕티브 Productive 등 기본적으로 이 달력을 제공하는 다양한 "습관 앱"이 있다.[2]

■ 이러한 유형의 활동 측정은 활동과 학습을 게임처럼 만드는 일, 즉 게미피제이션에(게임화) 있어 중요한 툴이다.

■ 이 전략과 중독 치료 그룹 사이에 상관관계가 있음은(알코올 중독자, 마약 중독자 등) 분명하다.

그 같은 X 표시 툴은 온라인 대시보드(쉐어포인트, 인트라넷 또는 프로젝트 관리 소프트웨어와 같은 툴)에 있을 수 있으며, 당신이나 당신의 원격 근무 직원들이 쉽게 접속해서 볼 수 있을 것이다. 진행 상황은 매주 직원과 리더에게 보고되게 하거나, 혹은 직원들과의 개인 면담(이것에 대해서는 나중에 더 자세히 다루겠다)에서 그것이 논의될 수 있다. 업무 환경, 일의 성격, 그리고 구성원들의 성향을 감안하여 그것을 어떻게 활용할 것인지 결정하라(프로세스 목표로 삼을 수 있다). 활용 방식을 찾으면, 당신은 측정 가능한 목표를 더 많이 갖게 되는 것이다.

현실적이라는 것은?

SMART 목표에 대해 우리가 듣는 또 다른 질문은 " 목표가 현실적이라는 것을 어떻게 아는가?"이다. 목표 설정 할 때 유의할 점은 다음과 같다.

■ 손을 뻗기만 해서 넣는 것은 덩크슛이 아니다(너무 쉬운 목표).

- 직원들이 달성 가능하다고 믿지 않는 것은 큰 목표가 아니다.

현실적인 목표란, 당신의 포부는 크게 갖되, 한편으론 그 목표에 도달할 수 있도록 하는 실행 가능한 현실적 계획을 세울 수 있는 것이어야 한다.

고무줄과 그것이 제공할 수 있는 장력을 생각해 보라. 고무줄을 축 늘어진 채 책상 위에 그대로 놔두면 아무런 도움이 되지 않는다. 그것을 지나치게 당겨서 끊어지게 만들면, 그것 또한 우리에게 아무 쓸모가 없다. 이것은 덩크슛 득점 논리와 비슷하다. 즉, 목표가 너무 높으면, 오히려 우리의 의욕을 꺾는다. 그러나 고무줄을 알맞은 정도로 충분하게 늘렸을 때, 그 긴장은 우리에게 긴장된 방향으로 움직이도록 만든다. 고무줄 이야기는, 왜 강력하고 유익하며 현실적인 목표를 세워야 하는지, 그리고 왜 그것들을 적절한 수준으로 설정하는 것이 중요한지를 설명하는 우리의 은유법이다.

우리가 먹는 죽과 같이, 너무 차거나 뜨거우면 좋지 않다. 적당해야 한다.

"그러면 현실적인 것은 무엇인가""적당한 것은 어느 정도인가"하고 묻는 당신의 질문에 구체적이고 확실한 답변을 해 주면 좋겠지만, 우리가 해 줄 수 있는 답변은,"경우에 따라 다르다"이다.

"현실적인"은 무엇에 따라 달라지는가?

- **과거 실적.** 지난 해에 어떤 직원이 4개의 프로세스 개선 프로젝트를 완료했다면, 5~6개는 현실적일 수 있지만 10개는 무리일 수 있다. 지난해 9개를 한 직원이 있다면, 10개는 좀 느슨한 목표인 것 같고, 13~14개를 목표로 삼는 것이 더 바람직해 보인다.

- **자신감의 정도.** 자신감은 목표 달성에 영향을 미친다. 전반적으로 또는 어떤 특정 과제에 대한 자신감이 떨어지는 직원이 있다면, 그의 현실적인 목표를 설정할 때, 당신은 그 점을 고려해야 될 것이다. 낮은 자

신감이 성과 저조에 대한 핑계가 될 수는 없지만, 그들이 더 높은 자신감으로 목표를 달성할 수 있도록 돕는 것은 리더의 역할이다.

- **역량 개발이나 스킬의 최근 이력.** 직원들이 어떻게 자신의 스킬을 발전시켜 가고 있는가? 그들이 지난해 전반 세 분기에 비해 4/4 분기에 훨씬 더 잘했다면, 아마도 올해 연간 목표는 작년의 전체가 아니라, 4/4 분기의 성과에 근거해서 결정해야 될 것이다.

- **세상을 보는 관점.** 이것은 자신감과 관련 있는 문제인데, 매사를 냉소적으로 보는 사람들은 목표도 더 낮게 설정할 것이다. 그들은 앞에 놓인 장애물이나 함정, 잠재적으로 부정적인 요인들을 쉽게 간파한다. 이 경우, 당신이 그 직원을 코칭 해야겠지만, 직원들의 개인적인 믿음이 그들이 '현실적'이라고 생각하는 것에 영향을 미친다는 것을 기억해야 한다.

현실적인 목표 설정

여기 원격 근무 직원들의 목표를 현실적으로 만들기 위한 몇 가지 제안 사항이 있다. 이것은 또한 직원들이 서로 협력하여 목표를 설정하기에 좋은 과정이다. 협력하는 과정에서 현실적인 목표까지 함께 만들어 진다.

1. **필요한 정보를 제공하라.** 올해 실적이 어떠했는지, 내년의 조직 목표가 무엇인지, 모두가 잘 알 수 있게 하라. 그리고 목표의 상대적 중요성과 우선순위를 정하라.

2. **참여를 독려하라.** (특히 목표가 그들에게 새로운 아이디어라면) 목표 설정 과정에 모두 참여해야 한다고 말하라. 사전에 준비를 해서 토론에 참여하도록 요청하고, 웹캠을 켜고 그냥 참석한다는 생각 이상의 준비를 기대한다고 말하라. 실제로 모습을 볼 수 없으면, 당신은 그들의 걱정스러운 얼굴 표정이나 절망에 축 처진 어깨를 확인할 수 없다. 결정된 결

과를 지시하여, 그것에 순종하는 것과 직접 참여하는 것은 크게 다르다는 것을 기억하라.

3. **직원들의 생각을 먼저 들어라.** 직원들이 전력투구할 현실적인 목표를 원한다면, 그들과 소통을 시작해야 한다. 리더가 먼저 의견을 말하거나 대화를 주도한다면, 리더는 직원들과 소통을 하지 못하고 말 것이다. 만약 그들이 목표에 대한 생각을 미처 정리하지 못했다면, 당신의 생각을 밀고 나가는 것보다 그들이 준비해 주기를 바라는 당신의 의지를 재차 강조하는 것이 더 낫다. (미팅 스케줄을 다시 잡고) 일반적으로 사람들은 커피를 마시며 함께 앉아 의논 할 때보다, 원격 환경에서 더 "시간 낭비"를 걱정하는 경향이 있으므로, 이 소통을 위해 충분한 시간을 할애하도록 신경 쓰라. 이 과정이 우선순위가 되어야 할 뿐만 아니라, 또 직원들에게도 그것이 중요하다는 것을 체감할 증거가 필요하다.

4. **필요에 따라 당신의 생각을 수정하라.** 직원들이 목표에 대한 주인의식을 갖기를 원한다면, 목표가 그들의 것이어야 한다. 하지만 만약 그들이 너무 쉽다고 생각되는 목표를 설정하거나, 조직의 요구에 부합하지 않는 목표를 설정했다고 생각될 때는, 당신은 그들이 고무줄을 늘이도록 도와야 할지도 모른다. 독단적으로 목표를 바꾸지는 말고, 그것에 대해 의견을 개진하라. 더 큰 목표가 리더와 직원 모두에게 현실적일 수 있다는 것을 깨닫게 하라. 대화를 통해 그들이 높게 조정된 목표에 도달하는 것에 대한 편안함과 자신감을 느끼게 하라. 그들과의 합의를 원한다고 해서 그들이 정한 목표를 무조건 받아 들여야 한다는 것은 아니다. 결국, 당신은 리더이니까!

5. **동의를 얻으라.** 일단 모든 직원들이 동의할 수 있는 SMART 목표를 갖게 되면, 당신은 그 목표를 달성할 가장 좋은 기회를 갖게 된 셈이다. 만약 당신이 완전한 동의를 얻기 위해 노력을 했지만, 그들로부터 "납

득"이나 "순종"밖에 얻지 못 할 수도 있다. 그 때도 대화는 그것에 쏟은 시간만큼 보람을 안겨 줄 것이다.

지금까지 우리는 개인의 목표에 대해 이야기했지만, 같은 법칙이 팀 목표에도 적용된다. 이 대화를 위해 팀 전체가 한 자리에 있든, 당신이 웹 컨퍼런스 툴을 사용하여 진행하고 있든, 그 과정은 동일하다. 케빈은 매년 회사의 매출 목표를 설정하는 데, 이 기본적인 접근 방식을 활용한다. 목표에 대한 주인의식을 갖게 하는 것이 목표라면, 그것은 그들에게 필요한 정보를 제공하여 목표에 대한 협의를 유도하는 것으로부터 시작되어야 한다. 만약 케빈이 상사로서 목표를 제시한 후에, "어떻게 생각해?"라고 묻는다면, 그는 아마 다음 두 가지 반응 중 하나를 얻을 것이다:

- 앞으로 나아갈 뚜렷한 타개책이 없이, **의견 불일치.**

- **묵인**, 사람들은 잠자코 있음으로써 묵시적 동의를 하겠지만, 목표에 대한 주인 의식은 갖지 못하며, 그것이 얼마나 실현 가능한 지에 대한 감이 희박하다.

다시 말하지만, 묵인한다고 해서 주인의식을 갖는 건 아니다. 또 당신이 그들과 같은 공간에 있지 않을 때는 그들의 생각을 짐작케 해 줄, 그들이 보내는 무언의 시각적 신호들을 얻을 수가 없다.

목표를 현실적으로 설정는 것은 중요하다. 목표가 그에 관계되는 사람들에게 방향을 제시해 주고, 또 동기 부여를 해 줄 때, 그리고 당신과 그들에게서 동의를 얻을 때, 그 목표가 현실적이라는 것을 알게 될 것이다.

목표 달성 계획 수립

흔히(조직적으로나 개인적으로) 목표를 설정하는 것에만 초점을 맞추고, 그것을 달성하는 데는 소홀히 한다고 우리는 앞에서 말했다. 이 같은 잘못을 하지 않게 할 가장 쉽고도 가시적인 방법은 목표 설정과 목표 실행 계획을 곧바로 연결하는 것이다.

에너지, 열정, 목표의 명확성은 목표를 세울 때 가장 높다. 이 점을 노려서, 목표를 설정한 후 가능한 한 빨리 목표 달성을 위한 계획 수립에 착수하라.

직원들과 협의하여 목표를 설정한 경우, 당신은 당장 실행 계획으로 옮겨 가지 않고, (단, 빨리 합의에 도달한 경우라면, 당장 실행 계획으로 뛰어들 시간이 있을 수 있다) 실행 계획을 언제까지 수립할지 기한을 정하고, 그 협의를 종료할 수도 있다. 달력에 표시해 두고, 이 중요한 다음 단계를 위해 어떤 스킬을 활용할지 생각해 두라. 그 실행 계획의 협의가 며칠 안에 이루어진다면, 당신은 이러한 "목표 설정 직후의 열정" 혜택을 대부분 누릴 수 있을 것이다.

원격 근무에서의 목표 달성

목표를 세운 후에 가능한 한 빨리 목표 달성 계획을 수립한다 하더라도, 그것이 전부는 아니다. 그 계획을 실행하고, 목표를 달성하기 위한 일을 해야 한다. 여기에 그 핵심이 있다. 만약 목표를 달성하는 것이 쉽다면, 그것에 대해 그렇게 많은 책들이 쓰여지지 않았을 것이다.

목표는 가만히 정지된 상태로 있는 것을 달성하는 것이 아니다. 우선순위가 바뀌고, 비상사태가 발생하며, 곤란한 일이 일어난다. 이러한 것이 원격 근무에서 발생할 경우에는 그것을 인지하고, 지원하고, 방향을 전환하는 일이 더욱 어려워진다. 직원들은 종종 자신의 장기적인 목표나 팀의 목표에 악영향을 미칠 결정을 독단적으로 내리기도 하는데, 리더는 때를 놓칠 때까지 그것을 모르고 있을 수도 있다. 원격 리더는 직원들은 같은 궤도에서 일하면서도 예상치 못한 상황이 생겼을 때, 그것에 대처할 수 있게 하는 프로세스를 갖고 있어야 한다.

명확한 기대를 미리 설정하라

일단 계획을 세우면, 모든 사람들에게 그 계획이 제안이 아니라, 로드맵이라는 것을 확실히 해야 한다. GPS도 필요에 따라 방향 수정을 하지만, 결국에는 목적지로 가도록 한다. 리더와 직원들이 계획을 파악하고, 그것을 일상 업무에서 어떻게 실행해 나갈지를 생각해 내고, 예기치 못한 일이 발생했을 때 어떻게 대처할지를 확실히 알고 있게 하라.

목표를 시각화하라

1971년 디즈니월드가 문을 열었을 때, 로이 디즈니 Roy Disney (월트Walt 의 동생이자 회사 중역)는 월트가 완공된 것을 볼 수 있었다면, 어떻게 생각했을까(월트는 공사 중 사망했다)라는 질문을 받았다. 로이의 짧은 대답은 이랬다. "당신은 깨닫지 못하는군요. 월트는 이미 완공된 것을 보았어요. 그랬기 때문에 지금 우리가 이것을 완성할 수 있었어요." 우리가 말 그대로 사람들이 결과를 3차원으로 볼 수 있도록 도와준다면, 그 목표가 달성될 확률은 높아질 것이다. 이 3-D 그림을 사람들과 대화할 때, 특히 어려움에 직면하고, 느린 진척으로 인해 좌절할 때, 이 3-D그림을 보여주라. 원격 근무 직원들에게 보여줄 경우에는, 웹 회의 툴과 웹캠을 사용하여 대화를 최대한 효과적으로 진행하라.

꾸준한 실행을 기대하라

목표에 도달하는 가장 좋은 방법은 규칙적으로 꾸준히 달성해 가는 것이다. 사인펠드Seinfeld 전략이 기억나는가? 직원들에게 자신들의 목표 달성 계획을 꾸준히 추진해 나가라고 격려하라. 계단 하나하나가 높을 필요는 없다. 중요한 것은 그것이 계속 이어지는 것이다. 작은 진보를 꾸준히 이루어 나가는 것이 간혹 크게 비약하는 것 보다 결국에는 앞선다.

직원들과 대화할 때마다, 면담할 때마다, 목표 달성의 진전 상황에 대해 정기적으로 언급하라. 그러면 당신은 그들의 진척도를 계속 파악하고 있을 수 있으며, 그들과의 사이에 놓인 정보 장벽을 제거할 수 있고, 목표 달성에 대한 중요성을 강조할 수도 있다. 이렇게 하면 당신과 직원들 모두의 스트레스가 줄어들 것이다. ―당신은 리더로서 필요한 정보를 얻고 있지만, 그러나 그것에 상호 동의했기 때문에, 직원들은 당신이 시시콜콜 간섭하는 것으로 보지 않을 것이다.

시간을 줘라

목표로 세워야 할 만큼 중요한 사항이라면, 그 목표를 달성할 시간도 주어져야 한다. 리더로서 당신은 사람들이 시간을 잘 관리해서, 목표 달성을 위해 시간을 충분히 사용할 수 있도록 도와야 한다. 직원들이 원격으로 일할 때는, 더 많은 시간을 일하거나, 다른 직원들에게 협력할 업무를 소홀히 함으로써 바쁜 것을 해결하려는 경향이 있다는 점을 명심하라. 그들이 시간 계획을 현실적으로 세워서 목표 달성을 할 수 있도록 도우라.

시간이 침해 받지 않게 하라

목표를 향해 추진해 나가는 것이 중요하다. 우리는 당신이 달력에 중요한 일을 계획해 놓았다가 다른 긴급한 일들이 생겨서 그 계획했던 시간을 사용해 버리자, 그 중요한 계획을 무산시켜버린 경험이 있을 것이다. 우리는 어느 누구에게도 이런 일이 일어나기를 바라지 않지만, 잠깐 다음 경우를 상상해 보라. 만약 당신이 어떤 심장 질환을 겪은 후 심장 전문의와 진료 예약을 했다면, 평소 다른 약속을 취소하는 것과 같은 이유로 이 진료도 취소하겠는가? 아마 아닐 것이다.

당신(또는 직원들)이 목표 달성이나 중요한 프로젝트와 같은 일을 위한 시간 계획을 세울 때, 그 시간을 "심장 전문의와의 시간"과 같이 손댈 수 없는 것으로 만들어라. 당신의 원격 근무 직원들이 그렇게 시간을 계획할 수 있을 만큼 재량을 갖고 있고, 일에 지장 받지 않도록 다른 직원들과 협의할 수 있는 통로가 있다면, 팀은 당신이 상상한 것보다 더 빠르게 목표를 달성하게 될 것이다. 원격 팀 또는 하이브리드 팀이 이런 식으로 잘 작동되도록 하려면, 업무 계획은 공유되어야 하며, 완료 일과 우선순위를 논의하는 포럼도 있어야 한다.

우선 순위를 정하라

목표를 설정할 때만 어떤 것을 우선순위가 높다고 여긴다면, 당신은 그것을 성취할 가능성이 별로 없고, 아마도 그 목표를 아예 세우지 않는 편이 더 나을 것이다. 만약 당신이 우선순위가 높지 않은 다른 것들을 하고 있다면, 직원들에게는 그것이 우선순위가 될 것이다(또는 우선순위로 보일 것이다).

직원들과 정기적으로 대화하라

직원들이 목표를 달성하도록 돕기 위해 당신이 할 수 있는 가장 효과적인 일 중 하나는 정기적으로 그것에 대해 대화하는 것이다. 이것은 "보고"를 말하는 것이 아니라, 진정한 의사소통을 의미한다. 진행 상황 보고서나 현 상태에 대한 업데이트는 필요한 것이지만, 그러나 보고자는 당신에게 문제가 있는 사람들에 대해서는(어떤 문제에 대해 어떤 직원의 태도가 우려스러운지, 혹은 지나치게 자신만만해 하는지) 말하지 않는다. 만약 당신이 더 크게 성취하고 싶다면, 목표의 진전에 관한 이야기는 대화의 일부로만 하라. 더 작은 목표들을 공유할 때, 더 자주 접촉할 이유도 생긴다. 원격 팀은 서로 복도에서 마주칠 일이 없기 때문에, 짧지만 효과적인 상호작용을 좀 더 의도적으로 만들어 가야 한다는 것을 기억하라.

필요 자원을 제공하라

당신이 리더로서 해야 할 일 중 하나는 직원의 업무상의 장벽 제거를 도와주고, 목표 달성을 위한 툴과 자원을 제공하는 것이다. 시간을 주는 것도 하나의 자원이지만, 직원들이 정보나 전문지식을 얻을 수 있는 조직 내의 다른 사람을 소개해 주는 등 그들을 도울 다른 많은 일들이 있을 것이다. 직원들이 설정된 목표를 달성하도록 도와주는 리더의 역할을 철저히 해라.

상황 변화에 유연하게 대처하라

우리가 조직에서 목표 설정에 관련해 듣는 가장 큰 불만 중 하나는 세상이 너무 빨리 변하고 있기 때문에 목표를 세우는 것이 생산적이지 않다는 것이다. 상황이 너무 빨리 바뀐다는 것이다. 이 말에는 진실된 부분이 있다.—기업이 합병되고, 새로운 프로젝트가 생기고, 새로운 제품이 개발되고, 그리고 우선순위가 바뀌게 되는 것이다. 당신은 목표와 그것의 우선순위에 대해 융통성을 가져야 한다. 목표 중 일부는 우선순위를 변경하거나 목표에서 제거할 줄도 알아야 한다. 우리의 조언은 두 가지다.

- 시간이 지남에 따라 상황이 달라질 수 있음을 인정하라.

- 필요한 조정 작업을 직원들과 함께 하라.

성찰과 실천

☞ 팀 목표는 SMART 기준을 갖추고 있는가?

☞ 성과 목표와 함께 프로세스에 대한 목표도 세워 놓고 있는가?

☞ 목표를 팀 운영에 충분히 활용하고 있는가?

☞ 목표 설정에 너무 많은 초점을 맞추고 있는가... 그래서 실제로 목표를 달성하기 위한 계획에는 집중을 못하고 있는가?

☞ 설정된 목표를 달성하도록 팀원들을 어떻게 도울 수 있는가?

8장

▐ 원격 근무에서의 코칭과 피드백 ▐

원칙 8. 직원들이 원격 근무를 하더라도, 코칭을 효과적으로 해야 한다.

리더가 직원들을 위해 할 수 있는 가장 좋은 일 중에서 한 가지는
그들이 어떻게 개선할 수 있는지를 스스로 인식하도록 돕는 것이다.

— 웨스 로버츠 Wess Roberts, 경영컨설턴트

팀원의 절반은 콜센터에서, 나머지는 재택근무를 하는 고객서비스팀이
있었다. 팀장은 코칭과 지속적인 피드백이 팀의 성공에 중요하다는 것을
알고 있으며, 그 역할을 잘 해왔다. 하지만 사무실에서 근무하는 직원들이
재택 근무자들보다 코칭에 훨씬 더 만족해 한다는 것을 최근의 피드백을
통해 알게 되었다.

재택근무를 하는 직원들과는 코칭 시간을 내기도 어려울 뿐만 아니라,
코칭 세션도 팀장과 재택 근무자 양쪽 모두에게 훨씬 만족스럽지 못했다.
팀장은 자신이 무엇을 잘못하고 있는지, 같은 장소에서 일하는 경우만큼
재택 근무에서도 효과적으로 하는 것이 가능한 것인지 궁금해 하고 있다.

일반적으로 코칭은 폭넓은 주제이고, 많은 책과 교육 프로그램이 이 문제
를 다루고 있다. 이 책의 앞부분에서 우리는 몇 가지 전제를 했었는데, 그 중
하나는 당신이 리더십의 기본인 코칭에 대한 필요성을 알고, 또 코칭에 대한

의지가 있는 것을 포함하여 이미 익숙할 것이라는 가정이었다. 만약 당신 조직이 코칭에 대해 정해진 모델이나 프로세스를 가지고 있다면, 그것을 바탕으로 코칭을 하면 그 효과를 훨씬 높일 수 있을 것이다. 만약 아직 정해진 코칭 모델이 없다면, 케빈의 책 '뛰어난 리더십Remarkable Leadership'에서 소개하는 코칭 모델이 참고가 될 수 있을 것이다.

원격으로 코칭할 때의 차이점

만약 우리에게 더욱 향상시켜야 할 리더십 역량 하나를 선택하라면, 우리는 코칭이라고 말하겠다. 원격 리더들이 일상적으로 개선할 필요를 느끼는 분야도 코칭이다. 시간은 내기가 어려워 보이고, 비대면 의사소통은 왠지 거북하고 힘들게 느껴진다. 대개 리더들도 자신이 지금 코칭을 잘 하고 있다고 자신 있게 말하지 못한다.

현재 가장 취약한 부분인 코칭을 비대면으로 하면, 복잡성이 추가된다. 코칭의 기본 원칙은 - 분명한 목표를 갖고, 관계를 형성하며, 격려하고 교정해주는 일 등 - 당신들이 같은 공간에 있든, 다른 대륙에 떨어져 있든 간에 변하지 않지만, 그러나 원격으로 할 때는 왠지 더 힘들게 느껴진다. 원격 코칭이 더 복잡하고, 스트레스를 유발하는 데는 두 가지 큰 이유가 있다:

모든 상호작용은 의식적이고, 의도적일 필요가 있다. 직원들이 원격 근무를 할 때는, 휴게실에서 직원들과 어울리거나 그들의 책상으로 가서 짧은 대화를 나누는 기회를 가질 수가 없다. 당신은 의도적으로 그들의 주의를 끌어야 하며, 또 당신이 무슨 일을 하고 있든지 그들과의 소통을 위한 시간을 내야 한다. 만약 당신이 이런 식의 소통을 즐기지 않는 사람이라면, 원격 근무야 말로 당신이 해야 할 일을 쉽게 회피할 수 있도록 만드는 업무 방식이다.

비대면 의사소통은 대면에서는 존재하지 않는 정신적, 사회적 장애물을 만들어낸다. 우리는 직원들과 같은 장소에 있을 때 가장 의사소통을 잘 하게 되어 있다. 서로 떨어져 있을 때, 우리는 소통 툴을 통해서 하게 되는데, 이것이 마치 장애물처럼 느껴지거나, 혹은 시간에 쫓기는 느낌이 들 수도 있다. 만약 당신이 "이것은 잠깐이면 된다"라고 직원에게 말하며 대화를 한 후, 더 깊이 있는 토론을 해야 했을 내용을 서둘러 마무리 했던 경험이 있다면, 당신은 우리 말이 무슨 뜻인지 알 것이다. 다음 내용은 모든 코칭에 해당되는 것이지만, 특히 원격 근무에서 어려움을 겪는 이 두 가지 문제를 해결하기 위한 방법이다.

책임 소재를 명확하게 한다

훌륭한 코치는 직원들의 성과와 스킬에 대해 관심을 가지고 생각한다.

리더로서, 누군가가 일을 잘 수행하지 못하면, 책임감을 느낀다. 직원들에게 어떤 것을 더 가르쳐 줄 수 있었는데, 그들에게 어떤 아이디어를 줄 수 있었는데, 등과 같은 후회를 하거나 그외 많은 것들에 대해 생각할지도 모른다. 당신이 무엇을 해 줄 수 있을까를 생각해 보는 것도 중요하지만, 결국 수행의 최종적 책임은 수행자에게 있다. 리더가 할 일은 직원의 자신감, 스킬, 그리고 숙련도를 증진시키는 것이다. 일을 하는 것은 직원들이기 때문이다.

직원에 대한 당신의 믿음을 확실하게 한다

당신이 어떤 직원에 대해 무엇을 믿든지 간에, 그것은 그들의 성공적 업무 수행 능력에 큰 영향을 미칠 것이다. 이런 식으로 생각해 보라: 만약 어떤 직원이 성공할 수 있다고 믿는다면, 당신은 자신의 이 믿음을 확증할 수 있는 단서, 예시, 이메일, 수행 결과 등을 찾게 될 것이다. 그러나 반대의 경우 또한 성립된다. 당신이 일단 누군가에 대해 어떤 선입견을 갖게 되면, 당신의 이후의 태도는 이미 결정된 것이다. 매일 사람들과 얼굴을 맞대고 일할 때에 이렇게 되는 것이 사실이라면, 그들을 자주 보지 않을 때는 더더욱 사실이 된다.

이를 확증 편향이라고 하는데, 이것은 원격 환경에서 더 심화된다. 왜냐하면 참고할 데이터가 더 적기 때문이다. 사람들은 대개 상대를 직접 대면할 때와 같이 꼼꼼하게 디지털 정보를 처리하지 않기 때문에, 설혹 자기 선입견과 상충되는 증거가 있더라도 잘 의식하지 못한다. 왜냐하면 당신이 이메일을 읽을 때 뚜렷하게 눈에 띄는 단서가 아니면, 그 사람의 능력과 마음가짐에 대한 당신의 선입견에 맞지 않는 미묘한 단서들을 놓치고 지나갈 가능성이 크기 때문이다.

좋은 의도일 것이라고 가정하되, 틀릴 경우를 대비한다

사람들의 능력과 그에 따른 결과에 대해 우리가 하는 두 가지 가정에 대해 생각해 보라:

- 코칭 대화를 시작할 때, 당신은 가장 좋은 쪽으로 가정한다. 그 사람의 의도가 선의였다고 여긴다. 그들이 실수를 했거나 목표에 미달하거나 마감 시간을 넘겼더라도, 합당하고 이해할만한 이유가 있었다고 여긴다. 문제가 있는 사람이고 생각하지 않는다.

- 코칭 대화를 시작할 때, 당신은 가장 나쁜 쪽으로 가정한다. 그 사람은 그 실수를 알고 있었지만, 신경 쓰지 않았거나 문제를 모르고 있었다고 생각한다.

당신의 처음 가정이 이후 질문과 피드백에 영향을 미칠 것이라고 말하는 것이 타당하지 않겠는가? 긍정적인 가정에서 출발하는 것이 더 나은 코칭 결과를 얻게 된다고 우리는 믿는다.

웨인은 이것이 케빈의 큰 장점 중 하나라고 말하지만, 그러나 어떤 장점이라도 약점이 될 수도 있기 때문에, 우리는 "틀릴 것에 대비하라"고 덧붙였다. 당신은 선의였을 것이라고 생각하지만, 실제는 아닐 수도 있다. 잘못 판단했을 때는, 좀 더 엄격하고, 분명한 입장으로 코칭을 해야 한다. 그런 상황에서의 대화는, 특히 비대면으로 할 때는 쉽지 않을 수 있지만, 우리가 이 책을 통해 알려주는 교훈을 활용한다면, 잘 할 수 있을 것이다.

코칭은 직원들의 현재 상태에 관한 것이 아니라, 그들이 어떻게 변화할 수 있는가에 관한 것임을 기억하라. 직원들의 잠재력을 믿어야 하는 이유를 찾아야 한다. 직원들이 코칭으로 변화될 수 있다는 믿음을 가지고 시작하지 않으면, 코칭을 제대로 하지 않을 것이다. 그들이 물리적으로 떨어져 있다면, 더 노력해야 할 것이다. 그래도 괜찮다, 노력할만한 가치가 있으니까.

반드시 올바른 대화가 되도록 한다

대부분의 코치들이 말을 너무 많이 한다. 훌륭한 코치가 되고 싶다면, 직원들의 행동과 결과에 대해 양방향 소통이 되도록 해야 한다. 이렇게 하는 가장 좋은 방법은 그들의 의견을 먼저 물어보고, 그들이 먼저 말하게 하는 식의 대화를 이어가는 것이다. 원격으로 코칭을 할 때는, 가능한 한 효과적으로 대화를 진행하라. (이런 경우가 웹캠을 활용할 때이다. 이에 대한 자세한 내용은 5부에서 설명할 것이다.) 대화하다 잠시 침묵이 흐르는 경우에는 조언이나 충고가 아니라, 질문으로 대화를 이어가라.

특히 비대면 대화로 상대방의 반응을 감지하기 어려운 때는 말을 많이 하려는 함정에 빠지기 쉽다. 만약 당신이 침묵이 흐르는 것을 참지 못해 말을 한다면, 상대방에게 조용히 하고 당신 말을 들으라는 암시를 주고 있다는 것을 기억하라. 만약 당신이 모든 이야기를 독점하고 있다면, 상대방의 책임의식은 당신의 말 한마디 한마디마다 감소하게 될 것이다. 이것은 특히 당신이 상사일 때 더욱 진리이다("*상사가 말을 하고 있으니, 나는 그가 말을 하도록 놔두는 게 좋겠다*"). 원래 권력구조란 상사에게 유리하게 되는 법이므로, 당신은 균형을 잡기 위해 할 수 있는 모든 것을 해야 한다. 먼저 직원의 의견을 더 많이 물어보고, 당신은 더 적게 말해야 한다.

업무에 대한 기대를 명확하게 한다

우리가 3O 모델에서 보았듯이, 리더는 목표 달성을 돕는 방향으로 코칭을 해야 한다. 기대가 명확하다고 해서 코칭이 필요 없다는 것은 아니지만, 효과적인 코칭은 명확한 기대에 초점을 맞춰서 해야 한다. 만약 직원들이 자신에게 부여된 기대를 잘 모르고 있다면, 그것을 알도록 하는 것이 코칭 과정의 첫 걸음이며, 다른 어떤 것보다 먼저 달성되어야 할 조건이다. 기대를 명확히 하는 가장 좋은 방법 중 하나는 그것을 글로 쓰는 것이다. 우리는 그 점에 있어서는 원격 근무 직원들을 코칭할 때가 더 쉬울 것이라고 믿는다.

만약 전화로 코칭을 한다면, 기대에 관한 사항들을 상대방이 기록을 하고 있는지, 아니면 듣고만 있는지 당연히 궁금하게 여길 것이다. 만약 코칭 대화에서 소통 툴을 활용하게 되면, 그 툴을 통해 문자로 쓰여진 기대를 두 사람 모두 보면서 대화할 수 있다. 이렇게 하면 대화 중, 그리고 대화 이후에도 대화 내용이 명확해 진다. 그 문서를 함께 작성할 수 있도록 상대와 화면을 공유해야 한다. 그러면 문서에서 요구되는 명확성을 더 갖추게 된다. 말 그대로 의견 일치를 보게 되는 것이다.

프로세스를 만든다

앞에서 말했듯이, 코칭 프로세스가 있다면 활용하라. 대부분의 기존 코칭 모델은 대면 코칭을 가정하여 만들어져 있지만, 이 책에 나오는 모든 아이디어(앞으로 나올 소통 툴 사용에 관한 장 포함)를 참고하면, 문제 없을 것이다. 직원들은 당신이 사용하는 모델이나 접근 방식에 대해 알 필요는 없지만, 그것을 통해 일관되게 코칭할 수 있다면, 결국 그들에게도 이익인 셈이다. 당신이 어떤 방식으로(그리고 얼마나 자주) 코칭할 것인가에 대해 직원들이 더 많은 정보를 가질수록 그들의 불안감과 불확실성은 줄어들게 된다.

코칭을 자주, 그리고 지속적으로 한다

직원들은 지속적인 코칭과 피드백이 필요하다는 사실은 아무리 강조해도 지나치지 않는다. 이런 식으로 생각해 보라: 만약 당신이 지금 어떤 일을 잘 하고 있지만, 어떤 피드백도 받지 못한다면, 자신도 모르는 사이 잘 하고 있는 뭔가를 바꾸다가 일을 더 나쁘게 만들 수도 있고, 성공이 불확실한 여러 가지 새로운 시도를 할 수도 있다. 만약 당신이 지금 잘 하고 있다는 피드백을 받게 되면, 당신은 행동을 유지시켜서 습관으로 만들기 시작할 것이다.

반대로, 무엇인가를 잘못하고 있는데도 그것을 모르고 있다면, 자신이 잘 하고 있다고 생각하고 계속 진행을 해서 틀린 방향으로 가는 습관을 기르기도 한다. 이 두 가지 모두 지속적인 피드백을 함으로써 피할 수 있다. 그러므로 공식적이고 예정된 코칭을 할 수 있도록 일정계획을 세워두라. 원격근무를 할 때는 코칭을 자주 하고 싶지 않고, 짧게 하고 싶은 유혹이 있을 것이다. 그 유혹에 넘어가선 안 된다. 코칭 시간은 대단히 중요하며, 무엇보다도 우선시 되어야 한다. 그 외 비공식적인 코칭 기회도 있을 것이다. 그것에 관해서는 뒤에서 살펴보겠다.

웹캠을 사용한다

코칭은 너무 중요한 일이기 때문에 가능한 한 의사소통은 최대한 효과적으로 이루어지도록 만들어야 한다. 왜 우리는 얼굴을 보면서 대화하는 것이 전화를 사용하는 것보다 낫다고 생각할까? 우리는 의사소통의 보조 수단으로써 시각적 신호와 비언어적 신호에 의존하기 때문이다. 우리의 뇌는 우리가 대화하는 사람과 시각적으로 연결되기를 갈망한다. 다음 장에서 논의할 웹캠과 기타 툴들은 대화를 하는 사람들이 같은 사무실에 있지 않다는 장애물을 완화하는데 도움이 된다.

많은 사람들이 카메라에 찍히는 것을 거북스러워 한다는 것을 알고 있다. 대화 내용 자체가 까다로운 것이어서 대화를 꺼려하고 있는 경우라면, 더더구나 우리를 움츠러들게 하는 방식으로 대화하는 것은 유리하지 않을 것이다. 그러나 반복하다 보면, 편안해 진다. 직원들이 그 툴을 자주 사용할수록, 그들은 스트레스를 덜 받게 될 것이다. 직원들이 웹캠 사용을 꺼린다면, 항상 사용하도록 강요하지 않아도 좋다. 그들은 당신의 이러한 배려와 유연성을 높이 평가할 것이다. 만약 어려운 대화일 것이라고 예상되는 의사소통에 웹캠까지 사용하라고 요구한다면, 당신은 대화가 시작되기도 전에 직원들에게 스트레스를 주고 있다는 것을 인식하라! 유연한 자세를 취하되, "매우 중요한" 대화일 경우에만 웹캠이 사용되지 않도록 가끔 웹캠 사용을 요구하라.

후속 조치를 한다

흔히 코칭 대화를 하고, 직원들이 행동하는데 도움이 될 실행 계획을 세우고, 그리고는... 아무것도 일어나지 않는다. 후속 조치가 이뤄지지 않는 이유가 그 필요성을 모르기 때문인지, 시간 관리 미흡 때문인지, 아니면 잘 되고 있다고 가정하기 때문인지 모르지만, 그 이유에 상관없이 직원들은 코칭이나 문제가 된 성과에 대해서, 마치 그것들이 중요하지 않은 것으로 생각하게 될 것이다. 최악의 경우, 냉소적인 직원은 보고서 제출이 늦은 문제에 대해 대화하는 것조차 탐탁해 하지 않을 수 있다. 그러나 그들은 자신의 행동을 변화시키는 것 보다는 간혹 있는 상사와의 대화를 참으면서 듣는 것이 쉽다고 생각한다. 왜냐하면 후속 조치가 없는 코칭은, 그것이 별 중요하지 않다고 직원들에게 말하고 있는 셈이기 때문이다. 같은 장소에서 일하는 리더들이 이런 실수를 하는 경우가 잦은데, 원격 리더들은 더 심한 경우가 많다.

고객 서비스 팀장은 전화를 끊고 나서야 그 직원과 뭔가 할 이야기가 있었다는 것을 떠올리지만, 이미 말할 기회는 지나가버렸다. 아니면 이동 중일 때 통화를 하기 때문에 가능한 한 짧게 해야 하는데, 이런 상황은 우리가 지금 이야기 하고 있는 종류의 대화에는 바람직하지 않다. 같은 곳에서 함께 일할 때는, 복도에서 누군가를 마주치게 되거나 그들의 책상 옆을 지나가며 그 사람에게 말을 걸게 될 수도 있다. 사람이 눈에 보이지 않는 곳에 있을 때는, 자연스런 만남을 기대할 수는 없다. 그러므로 모든 후속 조치에 대해 당신은 신경을 집중해야 하고, 또 의도적이어야 한다.

상황은 확인하되, 조사는 하지 않는다

우리는 **"확인**check in**은 하되, 조사**check up**는 하지 마라."**라는 문구를 좋아한다. 왜냐하면 자신감 있고 숙련된 직원들 조차도 일의 진행 상황을 리더가 확인해 줄 때, 문제없이 잘 할 수 있기 때문이다. 특히 이것이 규칙적이고, 예정된 경우에는 더욱 그렇다. 아직 업무를 잘 수행하지 못하는 신입 직원일지라도 "조사 당하는 것"을 좋아하지 않는다. 업무를 확인하는 것과 조사의 차이는 주로 보는 관점에 달렸다.

첫째, 당신의 의도가 적극적으로 그들의 업무를 확인해 줌으로써 그들을 돕는 데 있다는 것을 분명히 하라. 이러한 인식을 관리하는 가장 좋은 방법은 확인 방법, 시기 및 시간을 미리 계획하는 것이다. 그리고 목표와 기대를 결정할 때, 얼마나 자주, 그리고 어떤 방법으로 확인할 것인지를 직원들과 협의해서 결정하면 더 바람직하다. 이러한 확인 빈도와 방법에 대한 합의를 미리 함으로써, 리더의 의도가 잘못 해석되지 않도록 할 수 있다.

불편한 경우라도 코칭을 해야 된다

코칭은 리더 업무의 일부지만, 원격 근무 상황에서는 피하고 싶은 유혹이 생길 수 있다. 업무 수행을 잘못하거나 실수를 하는 직원이 있다고 하자. 큰 문제는 아닐라도 해결해야 할 문제다. 당신은 개입을 미루며 저절로 개선되기를 은근히 바라거나, 아니면 충돌하기 싫어서 대화를 하는 대신 이메일을 보내는 식으로 대처할 수도 있다. 일부 리더들은 적극적으로 문제를 해결하지 않는 핑계로 서로 다른 시간대를 들기도 한다. 문제를 무시하거나, 미루거나, 코칭을 회피함으로써 리더는 암묵적으로 동의를 하고 있는 것이며, 그 문제 행동은 계속될 것이다. 왜 그래서는 안되는가? 단지 하루에도 몇 번씩 복도에서 마주칠 수 있는 환경이 아니라고 해서 리더가 피해도 되는 것은 아니다. 직원들의 성공적인 업무 수행을 위해 코칭을 소홀히 해서는 안된다.

피드백 제공

피드백이 코칭은 아니지만, 거의 모든 코칭은 피드백을 포함한다. 피드백에 관한 다섯 가지 질문과 원격근무에서의 피드백 방법을 소개한다.

피드백은 어떻게 받아들여지는가?

우리는 가장 좋은 방법으로, 가장 적합한 시간에, 가장 적절한 말로 피드백하려고 노력하겠지만, 우리가 하는 피드백이 어떻게 받아들여지느냐는 피드백에 대한 상대방의 인식에서부터 시작된다. 상대방은 다음과 같은 세 가지 요소를 바탕으로, 리더의 말을 어떻게 받아들일 것인지, 그것을 얼마나 중요하게 생각할 것인지 결정한다:

- **직위.** 만약 당신이 상사라면, 그 직위가 힘을 가지고 있기 때문에 사람들은 당신의 피드백을 듣기는 하겠지만, 당신이 원하는 만큼 그것을 중요하게 생각하지는 않을 수가 있다. 이것은 자동적으로 당신에

게 부여된 힘이지만, 지금 소개하는 세 가지 중에서 가치가 가장 낮다. 당신은 오직 이 힘에만 의존하고 있는가? 만약 그렇다면, 단지 소극적 순종 만을 얻게 될 것이다.

■ **전문성.** 내용에 대해 잘 알고 있다고 생각되는 사람의 피드백을 직원들은 높게 평가한다. 당신이 피드백 하는 내용과 관련하여 당신의 경험이나 지식을 직원들이 인정하지 않으면, 그 피드백은 과소평가 될 것이다. 원격 리더가 이 신뢰를 확보하는 것은 더 어려울 수 있다. 이 신뢰를 구축하기 위해서는 오만하지 않으면서, 직원들이 당신이 가진 전문성을 알 수 있도록 해야 한다. 또 당신이 모든 것을 알고 있지는 않다는 것도 기억하라. 아마도 어떤 피드백은 전문지식을 가진 다른 직원으로 하여금 하도록 하는 것이 더 효과적일 수도 있다.

■ **관계.** 우리 대부분은 다른 사람들에게 그들이 거의 알지 못하는 상황에 대한 피드백을 요청한 적이 있을 것이다. 왜 그렇게 하는가? 우리는 그들의 선의를 믿기 때문이다. 우리는 그들이 솔직하게 말해 줄 것을 믿고, 그들의 피드백이 혹시 듣기 곤란한 말일지라도, 우리를 돕고 싶어 하는 마음에서 나온다는 것을 알기 때문이다. 원격 리더로서 직원들과의 끈끈한 관계를 구축하기 위해서는 많은 노력이 필요하겠지만, 그것은 노력 할만한 가치가 있다.

무엇에 대해서 피드백 할 것인가?

업무에서 중요한 부분, 큰 영향을 미치고, 가치 있는 결과를 창출할 수 있는 부분에 대해 피드백을 해야 한다. 아마도 당신은 중요하지도 않은 것에 대한 피드백을 받은 경험이 있을 것이다. 아마 그 피드백과 그것을 한 사람에 대해 기분이 안 좋았을 것이다. 전반적으로 상호작용이 적은 원격 근무 상황에서는 이런 경우에 문제가 더 심각해 진다. 단지 눈에 띄는 것이 아니라, 반드시 의미 있는 것에 대한 피드백을 해야 한다. 그리고 받는 사람이 왜 그것이 의미 있는지를 깨닫게 해야 된다.

어떻게 하면 도움이 되는가?

피드백은 명확하고, 구체적일 때 도움이 된다. 이렇게 하는 가장 좋은 방법은 예시를 활용하고, 증거를 제시하고, 관찰된 행동을 바탕으로 피드백하는 것이다. 데이터가 있으면, 사람들의 변명을 줄일 수 있다. 두 사람 모두 해당 데이터를 화면으로 보려면, 소통 툴을 활용하라. 당신이 직접 관찰하지 않은 행동에 대해 말하는 것이 더 어려울 수 있다. "고객에게 쓰는 이메일의 문구에 유의해야 한다" 보다는 "고객에게 그들이 틀렸다고 말하지 말라"는 것이 더 구체적이다. 사례를 들어, 명확하고 구체적으로 말하는 것은 단지 잘못된 경우에만 해당되는 것이 아니다. 직원들이 잘 하고 있는 일에도 같은 기준이 적용되며, 따라서 우리는 다음 의문을 갖게 된다.

긍정적인 피드백과 부정적인 피드백의 균형을 어떻게 맞춰야 하는가?

대부분의 사람들이 상사나 동료로부터 긍정적인 피드백을 잘 받지 못하고 있다고 믿고 있으며, 그에 대한 연구는 우리의 믿음을 뒷받침하고 있다. [1]

이 사실은 직원들이 원격 근무를 할 때는 훨씬 더 심각해진다. 전화로 피드백을 할 경우에는 피드백이 더욱 업무적으로 되는 경향이 있다. 이런 점을 감안할 때, "필요하다고 생각하는" 부정적 또는 교정적 피드백이 긍정적인 피드백보다 더 많을 가능성이 높다. 긍정적인 피드백도 중요하므로, 잊어버리지 않기 위해 그것을 먼저 기록해 놓고, 반드시 포함시켜야 한다. 그러나 자신이 균형 잡힌 피드백을 하는 것처럼 느끼기 위해서, 사소한 내용의 것을 그냥 "피드백"하지는 않아야 한다.

직원들은 자신이 잘하고 있는 것과 바꾸어야 할 것을 모두 알아야 한다(이때 성장할 것이다). 그들에게는 잘 하고 있는 것도 있고, 잘못 하고 있는 것도 있을 것이므로, 그들의 상황에 대해 확실히 파악하여 균형 잡힌 견해를 전달하는 것이 리더의 임무이다.

어떻게 전달해야 하는가?

피드백을 하려면, 준비를 해야 한다. 시간을 내어 생각을 정리하고, 예시를 준비하며, 당신이 말하고 싶은 것을 명확히 정리하라.

준비가 잘 되어 있을 경우에는 불행하게도 그 준비한 것을 먼저 말하면서 대화를 시작하기가 쉽다는 것이다.

그 대신에, 직원들에게 그들 자신에 대한 생각을 공유하도록 요청하는 것으로 시작하라. "어떻게 진행되고 있다고 생각하는가?" 또는 "당신 자신에게 어떤 피드백을 할 것인가?"와 같은 질문은 대화를 이어가기 좋은 방법이다.

•••

전화로 피드백을 할 경우에는
피드백이 더욱 업무적으로 되는 경향이 있다.

•••

만약 리더가 상사로서 먼저 말을 하면, 직원들이 말할 것이 더 있겠는가? 전화상으로 피드백을 하고 있다면, 잠시 침묵이 흐르는 것이 더 길고 더 불편하게 느껴지므로, 당신이 서둘러 말을 꺼내기 쉽다는 점을 기억하라. 당신은 직원들의 의견을 듣기를 원하고 있으니, 인내심을 갖고 기다려야 한다.

미래도 보고 있는가?

대부분의 피드백은 이미 일어난 일에 대해서 한다. 그래서 피드백이라고 불리는 것일 것이다. 과거에 대한 피드백은 도움이 되고, 또 각종 정황과 데이터도 제공하지만, 이 정보가 도움이 되려면 이것이 미래에 관한 정보가 되어야 한다. 리더십 코치인 마샬 골드스미스Marshall Goldsmith는 이것을 피드포워드feedforward 라고 부른다. 미래에 어떻게 변화해야 하는지에 대한 가이드란 의미일 것이다.[2] 다시 말하지만, 비대면으로 코칭을 하고 피드백을 할 때의 위험은, 피드백 후에 직원들로 하여금 과거의 일이 미래의 일에 어떤 교훈을 줄 수 있는지 깨닫게 만들거나, 또는 그들이 그것을 분명히 이해하고 있는지를 확인할 수 있는 충분한 시간을 할애하지 않는다는 점이다.

성과 관리, 어떻게 할 것인가?

성과 관리 및 성과 평가는 근무 형태에 관계없이, 모든 직원에게 해당된다. 원격 근무에서는 다른 것들과 마찬가지로, 이것을 잘 하기 위해 리더는 더 의식적이고, 의도적이며, 직원들에게 초점을 맞춰야 한다.

원격 근무 직원들을 더 많이 생각하고, 특별히 관심 갖기 위해 애쓰는 것이 쉽지 않다는 것을 우리는 알게 되었다. 원격 근무 직원과는 상호 작용이 더 적기 때문에 리더는 "성과 평가서 작성" 같은 문서 작업에 초점을 맞추는 경향이 있다. 당신도 그런 접근 방식의 문제점들을 깨닫고 있을 것이다.

위임을 올바르게 하려면...

위임은 오랫동안 리더들을 혼란스럽게 해 왔다. 위임을 하는 단계는 큰 문제가 안 된다고 우리는 생각하는데, 왜냐하면 일단 정당한 이유로 위임을 결정했다면, 원격으로 할 경우 약간의 조정만 하면 된다.

위임에 대해 우리는 어떻게 말하는가?

위임에 관해 아래에 두 문장이 있는데, 우리 워크숍에 참여했던 대부분의 리더들은 빈 칸을 쉽게 채울 수 있었다.

- "어떤 일을 제대로 하려면, 당신은 _____ 해야 한다."

- " _____ 하는 것 보다 다른 사람에게 위임하면, 시간이 더 오래 걸릴 것이다."

답은 모두, **"자신이 직접"** 이다.

이 두 문장은 종종 위임하지 않는 구실로 사용되는데, 그 순간만 생각한다면, 위 두 문장은 모두 사실이다. 만약 당신이 오랫 동안 했던 것을 위임하려고 한다면, 그렇다. 처음으로 하는 사람보다는 당신이 그것을 더 잘 하고, 빨리 할 것이다. 그러나 위임은 처음이냐 아니냐를 생각하는 것이 아니라, 장기적 관점으로 보는 것이다. 그리고 당신에 관해 생각하는 것이 아니라, 직원들이 조직 목표를 달성할 수 있도록 돕는 것을 생각하는 것이다.

(3O 모델에 주목하라—성과 및 직원들에 초점). 직원들이 성공하기를 원한다면, 당신은 위임을 당신과 직원 모두를 위한 시간 투자라고 생각해야 한다.

위임에는 인내, 시간, 노력이 요구된다. 그것은 당신에게 자제를 요구할 것이며(관여하지 않고, 간섭하지 않음), 만약 당신이 비대면으로 하는 경우라면, 더욱 힘들 것이다. 업무 확인 대화 계획을 미리 수립하라(무엇을 위임했느냐에 따라 그 대화의 형태가 달라지기는 하겠지만, 여전히 점검 포인트는 중요하다). 그리고 당신 자신이 업무에서 벗어난다는 것보다 직원들의 성공에 초점을 맞춰야 한다.

원격 또는 하이브리드 팀에서의 위임에는 추가적인 갈등 관계가 존재한다. 오늘날 팀의 내부에서 발생하는 큰 긴장 요인 중 하나는 가장 하기 싫은 일을 결국에는 한 사람이나, 한 그룹이 하게 된다는 인식이다. 예를 들어, 사무실 직원들은 "원격 근무자들이 업무를 더 잘 하는 것은 상사가 우리에게 이런 저런 사소한 일을 많이 시키기 때문이다."라고 말하는 것이 일반적이다. 직원들 모두가 다른 직원들이 맡은 일이 무엇인지, 그리고 어떤 업무가 언제 누구에게 주어지는지 알고 있게 하라. 공정하다는 인식을 갖게 하는 것은 실제로 공정하게 하는 것만큼 중요하다.

위임의 초점

위임을 해야 한다고 많은 리더십 서적들에서 말하고 있을 것이다. 리더의 시간은 소중하며, 만약 리더가 위임하지 않으면, 리더의 업무량이 너무 많아 리더는 일과 삶의 균형을 잃게 될 것이다. 우리는 그 점에 동의하지만, 이러한 사고방식이 의도하지 않은 결과를 초래할 수 있다고 믿는다: 즉, 위임은 리더를 위해서 필요하다는 인식이다.

이것은 초점이 잘못된 것이다.

만약 리더가 자신을 위해서 어떤 업무를 위임한다면, 인내심을 발휘하지 못하여 그 위임을 실패로 끝내게 되며, 우리가 위에서 말한 내용이 맞다는 것을 "증명"하게 될 것이다. 다시 말해, 그때 리더는 위임하는 것이 아니라, 업무를 누군가에게 떠넘기는 것이다.

위임을 통해 직원들이 새로운 업무를 성공적으로 하고, 책임감을 키우고, 팀에 기여하도록 돕는 것임을 인식하라. 또 위임이 시간은 걸리겠지만 투자할 만한 가치가 있다는 것을 안다면, 그것을 잘 할 것이다. 위임 받은 직원은 그 일을 받아들이고, 성공할 가능성이 높으며, 결국 당신도 더 유연한 팀을 만들게 될 것이다. 그리고 위임을 하면, 당신의 과중한 업무 부담도 줄일 수 있을 것이고, 이것 또한 중요하다. 다시 말하자면, 당신이 3O 모델을 염두에 두고, 자신을 제일 마지막에 둘 때, 위임은 더 효과를 낼 것이고, 당신은 그 위임의 혜택을 누리게 될 것이다.

1:1 코칭 면담

코칭 프로세스의 핵심은 1:1 만남이다. 그것은 같이 앉아서 업무 진행 상황과 당신이 도울 방법에 대해 협의하도록 계획된 시간이다. 대면으로 근무할 경우에는 이것을 대면미팅이라고 불렀지만, 이제는 1:1 대화라고 부르겠다.

많은 직원들이 1:1 미팅을 자격을 부여 받는 미팅, 혹은 격이 높은 미팅으로 생각하고 있으며, 우리는 그것이 "만나야" 할 중요한 이유라는 데 동의한다. 우리는 또한 이러한 계획된 대화에 코칭 요소를 포함시킬 수 있고, 또 포함되어야 한다고 믿는다. 원격으로 이루어지는 1:1 대화를 가장 효과적으로 만들려면, 다음 사항을 염두해 두어야 한다.

스케줄을 잡는다

직원들과 협의하여 얼마나 자주 "대화할 것인지" 결정하라. 직원들이 원하는 횟수보다 더 자주 할 필요가 있다고 생각되면, 빈도를 협의하거나 혹은 그들이 원하는 빈도로 시작한 뒤에, 필요하면 일정을 조정하기로 합의한다. 케빈은 현재 11명의 직원이 있는데, 그들과의 1:1 대화 횟수는 각 개인마다 다르다. 그들이 맡은 일의 성격, 일에 대한 경험과 자신감, 그가 제공할 수 있는 지원의 종류, 그리고 직원들의 개인적 성향 등이 미팅 횟수를 정하는 데 영향을 준다.

우리의 경험상, 이 빈도는 매일 하는 경우부터(이 경우에는 매회 코칭이 더 가벼울 수도 있지만) 매월 하는 경우까지 있을 수 있다. 우리는 일반적으로, 방금 설명한 요인들에 근거하여, 주간과 월간 사이로 일정을 잡을 것을 권장한다. 다른 조건들이 같다면, 직원들이 원격 근무를 하고 있을 때는 더 잦은 빈도를 권한다. 1:1 대화는 원격 근무자들을 계속 결속시켜 주는 중요한 통로이다. 여러 가지 점에서 그들은 서로 결속되기 어려운 환경에 있기 때문이다.

소통 툴을 사용한다

우리가 1:1 대화는 하고 있지만, 비대면으로 하기 때문에, 가능한 한 많은 기회를 가능한 한 실속 있는 시간으로 만들 것을 권한다. 즉, 가능하면 웹캠, 화면 공유 및 대시보드 등의 툴을 사용하라! 우리는 여행하면서 공항이나 호

텔 로비(심지어 공중 화장실)에서 사람들이 중요한 통화를 하는 것을 수없이 목격했다. 이 미팅은 중요하기 때문에 스케줄의 빈 자투리 시간을 이용하거나, 두 사람 중 한 사람이 다른 일에 마음이 쏠려 있을 때에 잡는 것은 적절치 않다. 두 사람 모두 대화에 집중할 수 있도록 스케줄을 잡아야 한다.

대화에 대한 공동 책임의식을 갖는다

이 대화는 당신과 직원 모두에게 유익하다. 당신은 최근 상황을 파악하면서 직원들을 지원하고, 격려하고, 교정할 기회를 갖기를 원하며, 직원들은 방향 제시, 정보 제공, 격려가 필요하다. 이 대화의 주인공은 당신도 아니고 직원도 아니며, 당신들 모두가 되어야 한다. 이 말은 양 당사자가 이 대화를 진지하게 받아들이고, 일정을 비워두고, 준비를 하고, 이것을 위해 다른 일은 유보한다는 의미이다. 예를 들어 인텔에서는 직원들이 이 대화를 준비하기 위한 계획을 세운다.[3]

직원들이 먼저 이야기하게 한다

당신이 상사이기 때문에 근본적으로 존재하게 되는 권력 불균형을 해소하려면, 대화의 책임이 양쪽 모두에 있다는 것을 당신이 확실히 해 주어야 한다. 앞에서 직원에게 먼저 말 할 기회를 주라고 했던 것을 기억하라. 케빈은 과거에 여러 번 이 규칙을 어기다가 일을 망쳤었다. 이제 그는 자신이 말을 하려다가 멈추고 대화를 상대방에게 돌리도록 스스로를 훈련했다. 직원들을 먼저 배려하면, 양쪽 모두 윈윈 할 수 있다. 처음에 당신이 대화를 하는 것보다도 시간이나 업무에 더 신경을 쓴다면, 이 사실을 더 잊기 쉽다.

대면 대화 스케쥴도 잡는다

당신의 상황이 허락할 때, 대면 대화를 위한 시간을 내라. 설령 관계를 돈독히 하기 위해 하루를 더 머무르거나 다음 비행기를 타게 될지라도, 지금 당신은 관계 구축을 위해 노력하는 것이고, 비대면으로 하던 1:1 대화를 특별하게 만들 기회를 만들고 있는 것이다. 상황이 가능할 때마다 직원들의 얼굴을 직접 대면할 기회를 찾으라.

영화 '글렌게리 글렌 로스 Glengarry Glen Ross(1992)'의 유명한 장면에서 알렉 볼드윈Alec Baldwin은 "항상 계약에 성공하라"고 영업팀에게 간청한다. 우리는 중요한 것에 집중하는 그의 자세를 좋아한다(그러나 그의 코칭 전략은 아니다). 만약 당신이 1:1 대화뿐만 아니라, 모든 상황에서 '항상 코칭을 한다'는 신조를 갖는다면, 당신은 더욱 효과적인 리더가 될 것이고, 원격 근무 팀을 관리하는 데서 오는 근원적 장벽을 일부 줄일 수 있을 것이다.

비공식적인 원격 코칭

원격 근무 환경에서는 이런 우연한 기회가 쉽게 오는 것은 아니지만, 최고의 리더는 항상 직원을 참여시키고, 질문을 하고, 격려나 수정을 제공할 기회를 살핀다. 케빈은 종종 단체 화상 미팅이 끝날 무렵, 마치 실제 회의실에서 회의를 마친 뒤 흔히들 그렇게 하듯이, 잠깐의 개별 대화할 직원을 번갈아 가며 한두 사람씩을 선택한다.

케빈은 이렇게 하는 것을 자연스럽게 연출하며, 이런 식으로 하지 않았으면 오지 않았을 기회를 만들어 낸다. 케빈은 의도적으로 이런 기회를 만든다. 당신도 할 수 있다. 그러나 미리 계획을 세우고, 여유 시간을 잡아 두어야 한다.

이러한 비공식적인 만남의 시간은 성과 달성에, 그리고 지속적인 피드백을 이어가는 데에 중요하기 때문에, 당신은 이런 비공식적인 방식과 우연히 얻어지는 상황에서 코칭을 할 수 있는 방법을 찾아야 한다. 다른 말로 하자면, 공식적으로 코칭할 시간이 없을 때는 비공식적으로 코칭할 기회를 찾아야 한다.

비공식적 코칭 기회

비공식적 코칭 기회는 예정된 일정도, 사전 계획도, 어느 누구의 일정에도 잡혀있지 않다. 이것을 토마스 피터스Thomas Peters 와 로버트 워터먼Robert Waterman이 그들의 베스트셀러 '초우량기업의 조건 In Search of Excellence'에서 "돌아다니면서 하는 경영"이라고 명명하였다."[4] 당신이 누군가의 옆을 지나칠 때, 근처에 있을 때, 그리고 사무실을 들여다 볼 때에 당신은 비공식적 코칭 기회를 갖게 된다. 특히, 비공식적 코칭 대화의 내용은 주로 현재 발생하고 있는 일, 앞으로 일어날 일, 당신이 도울 방안에 관한 것이다.

당신의 원격 근무 직원들의 경우에는, 그들이 있는 곳까지 걸어 갈 수 있는 거리는 아니지만, 핵심은 같다. 그들을 항상 보지는 않더라도, 당신은 그들과 접촉을 유지할 방법을 찾아야 한다. 이것을 위해서는 전화를 통한 업무 확인, 아침 문자 또는 인스턴트 메시지를 보내거나, 또는 그들에게 당신이 그들 곁에 있고, 약속을 잡을 수 있고, 연락할 수 있다는 것을 알릴 어떤 방법이든지 동원할 수 있다.

웨인은 거의 매일 아침 케빈에게 인사말과, 비공식 대화의 말문을 열기 위한 한 가지 화제거리를 빠른 메신저로 보낸다. 그렇게 하는 것은 휴게실에서 안부를 건네거나, 당신 사무실로 향하는 길에 잠깐 얼굴을 내미는 것과 같다. 대부분은 보고할 것이 별로 없겠지만, 때때로 그것은 빠른 1:1 대화 기회를 제공하거나, 어느 한 쪽이 질문을 하거나 대답할 수 있도록 기회를 제공한다.

코칭 기회를 위해 준비한다

당신이 직원들의 업무 확인을 하고, 그들을 격려하고, 가이드를 제시하기 위해 연출하는 이러한 순간들은 당신이 의도적으로 만드는 것이지만, 그러나 직원들이 그것을 강요 당한다고 느껴서는 안 된다. 만약 당신이 직원들의 업무든, 그들의 성과나 프로젝트 진행 상황이든, 그 밖의 다른 어떤 문제에 대한 의문이 있다면, 리스트를 만들어라. 준비를 하되 서로 진정으로 마음이 통하도록 준비하고, 직원들을 들볶거나, 당신이 의도하는 지점에 이를 때까지 그들을 몰아붙이지 마라.

코칭 기회를 만든다

만일 직원들이 당신과 같은 장소에 있다면, 당신은 그들에게 인사말을 건네고(취미, 주말 일정, 가족 안부 등)나서, 일정한 대답이 정해져 있지 않은 질문을 던짐으로써 관계 구축의 대화에서 업무 확인과 코칭의 공식적 대화로 분위기를 바꾸어 나갈 수 있을 것이다. 원격 근무를 할 때는, 대화의 문을 여는 방법으로 통화, 문자 또는 메신저를 활용하라. 비공식적인 코칭의 성공 중 상당 부분은 상대방과의 연결성에 달려 있다는 것을 기억하라. 먼저, 일이 어떻게 진행되고 있는지, 어떻게 처리하고 있는지, 당신이 어떻게 도와주길 원하는지에 대해 직원들이 이야기하도록 하라(비공식 코칭의 구성 요소).

다음은 비공식 코칭을 시작한 뒤 계속 진행시키기 위한 몇 가지 연속되는 간단한 질문들이다.

- "어떻게 지내세요?"
- "업무는 어떻게 진행되나요?"
- "어떤 문제에 부딪쳤나요?"
- "해결책은 무엇인가요?"
- "무엇을 도와드려야 하나요?"

이 질문들은 짧고, 상대방이 자신에게 필요한 다음 대화를 유도할 수 있도록, 열린 질문의 형태를 하고 있다. 일단 대화가 진행되면, 당신은 정황에 따른 좀 더 구체적인 내용으로 재구성 할 수도 있을 것이다. 그러나 그것은 대화가 어떻게 전개되느냐에 달려있다.

앞의 질문 예에는 "잠깐 시간 있어요?"가 없었다는 것을 주목하라. 재택근무하는 직원에게 "잠깐 시간 있어요?"라고 묻는 상사의 문자보다 더 끔찍한 것은 없다. 우리의 목표는 사람들의 허를 찌르거나, 압박감을 느끼게 하거나, 준비되지 않은 느낌을 주는 것이 아니다. 당신이 그 직원과 통화 할 때쯤 이면, 그들은 이미 가능한 모든 끔찍한 시나리오들을 상상했을 것이다. 좋은 소식을 전하고 싶었더라도, 의도치 않은 스트레스를 주었을 수도 있다. 웨인은 종종 이렇게 묻곤 한다, "잠깐 시간 있어요? 중요한 건 아니고, 그냥 질문이 하나 있어서." 이것은 더 밝은 대화를 이어가는데 도움을 주고 또 모두의 혈압을 낮춰준다.

시간을 짧게 한다

대부분의 경우, 비공식적인 코칭 시간은 몇 분 또는 30분이 아니라, 단지 잠깐이어야 한다. 만약 대화가 진행되면서 더 많은 시간이 필요하거나 그것을 원하는 경우에는, 그 대화를 적절히 진전시켜 나갈 필요성을 양측이 다 느낄 것이다.

우리가 봤던 사례에서 리더는 직원들과의 관계, 직원들의 업무 수행과 결과를 모두 변화시켰다. 우리가 그 동안 말해왔던, 미리 계획된 공식적 코칭 대화를 비공식 코칭으로 대체하거나 폐지한다면, 이 중 어느 것도 얻지 못할 것이다.

그러나 당신이 비공식적인 코칭 기회를 잘 활용한다면, 그 1:1 코칭 대화는 더욱 생산적이게 될 것이고, 빈도는 더 줄어들 것이다.

성찰과 실천

☞ 원격 근무 직원들에 대한 코칭은 얼마나 효과적으로 하고 있는가?

☞ 위 질문을 직원들에 한다면, 당신과 같은 대답할 것 같은가?

☞ 원격 근무자들과 사무실 근무자들이 당신으로부터 동일한 피드백을 받고 있는가?

☞ 업무를 위임할 때, 그 사실을 팀원 전체에게 얼마나 명확하게 알리는가?

☞ 원격 근무 직원들을 코칭하기 위해 의도적인 노력을 얼마나 하고 있는가?

◆ 3부 정리

지금 어떻게 하고 있는가?

■ 목표(개인, 팀)를 직원들과 얼마나 성공적으로 설정하고 있는가?

■ 위 질문을 직원들에게 한다면, 당신 대답과 동일할 것 같은가? (그렇지 않다면, 이 질문에 대해 좀 더 생각해 봐야 한다.)

■ 성과 향상을 위해 코칭과 피드백을 어떻게 하고 있는가?

■ 내용과 빈도 면에서 원격 근무 직원들과 충분한 "대화"를 하고 있는가?

앞으로 어떻게 할 것인가?

위의 질문 외에, 이 3부의 내용을 바탕으로 몇 가지 실천을 제안한다.

■ 각 직원과 개별적으로, 그리고 다른 직원들과 함께 목표와 실행 계획을 검토하라.

■ 직원들은 지금 올바른 방향으로 가고 있다고 생각하고 있는지 물어보라. 만약 그렇지 않다고 대답하면, 목표와 계획을 재설정하라.

■ 일정표를 확인해 보고, 이번 주에 코칭이 없다면, 지금 당장 계획하라.

■ 오늘 하루가 끝나기 전에 직원들과 공유할 긍정적이고 의미 있는 세 가지 이슈를 찾아서 직원들과 공유하라.

제 4부
원격근무 직원의 업무 몰입

◆ 4부 소개

> 리더십은 당신이 해야 할 일을 다른 사람으로 하여금
> 자기가 원해서 하도록 만드는 예술이다.
>
> — D D. 아이젠하워

3부에서 살펴본 바와 같이, 리더가 해야 할 중요한 역할이 조직 목표를 이해하고, 해석하고, 소통하는 것이다. 3O 모델에서 가장 바깥 원에 해당된다. 해당 산업에서 최고의 회사가 되고 싶든지, 지역에서 우수한 보이스카우트 연맹이 되고 싶든지 간에, 이것은 무엇을, 왜 해야 하는지를 이해하고, 또 구성원들을 이해시키는 것에서부터 출발한다.

이러한 성과(outcomes)를 창출하기 위해서는, 구성원들이 업무에 몰입 되도록 해야 한다. 직원들을 업무에 몰입시키는 일은, 대면 근무를 하던 때와 비교해 볼 때, 원격 근무 환경에서는 근본적으로 달라지며, 훨씬 복잡해 진다.

대면 근무를 할 때에는 상사가 가까이 있기 때문에 열심히 일을 할 지도 모른다. 언제든 상사가 불쑥 나타나서, 하지 말아야 할 일을 하는 것이나 해야 할 일을 하지 않는 것을 볼 수도 있다. 원격 리더에게는 지시 보다는 영향력 발휘가 더 필요하다. 강한 책임감과 신뢰, 적극적인 소통은 대면 근무할 때에도 필요하지만, 원격 근무를 할 때에는 절대적으로 중요하다.

디지털로 연결되어 있긴 하지만, 물리적으로 떨어져 있는 상황에서 직원들을 업무에 얼마나 몰입시키느냐는 목표 달성 여부와, 또 그 과정에서 리더가 얼마만큼 스트레스를 받을 것인지를 결정하게 될 것이다.

9장
▚ 업무 몰입을 위한 황금 제안 ▚

원칙 9. 리더 자신의 선호 보다는 직원 업무에 적합한 소통 툴을 사용한다.

당신이 삶에서 배웠을 가장 큰 교훈은 바로 이것이다:
세상의 중심이 당신에게 맞춰져 있지 않다는 것이다.

— 샤논 L. 알더, 작가

　원격 근무를 하는 직원 2명이 있었다. 같은 업무를 하는 두 사람에 대해 팀장은 비슷한 평가를 하고 있다. 하지만 팀장에 대한 직원 두 명의 피드백을 보면, 한 직원은 팀장이 너무 "세세하게 관리"한다고 느끼고 있고, 다른 직원은 좀 더 자기 업무에 개입해 주기를 바라고 있다. 팀장은 두 직원에 대해 동일한 방법으로 리드하는데, 이 두 직원의 의견은 왜 서로 달라지는가?

　팀장은 혼란스러웠다. 팀장은 생각해 보니, 그 동안 자기는 황금률을 따르고 있었던 것이다. 팀장으로 승진하기 전에 그 직원들이 하는 업무를 했었는데, 매우 능숙하게 해냈다. 또한 재택 근무에도 경험이 많았고, 우수했으며, 업무를 완료할 때까지 집중하는데 탁월한 능력을 보였다. 팀장은 상사가 업무에 대한 지침은 주되 체크는 자주 하지 말기를 원했고, 커뮤니케이션도 짧게 하기를 원했으며, 자기가 질문이 있거나 도움이 필요할 때는 즉시 연결되길 바랐지만, 그렇지 않을 때에는 자율적으로 일하기를 원했었다. 그것이 팀장이 원했던 리더십 방식이었고, 따라서 자기 직원들에게도 그와 같이 했던 것이다.

가장 많이 인용되는 격언 중 하나는 황금률이라고 알려져 있다: "남에게 대접을 받고자 하는 대로 너희도 남에게 대접하라." 이것은 아주 훌륭한 조언이고, 거의 모든 종교와 철학에 이와 유사한 교훈들이 있다.

그런데 이것을 원격으로 리드하고 소통하는 것에 접목하기에는 문제가 좀 있다. 당신이 하고 싶지 않은 것을 직원들에게 요구하면 안 된다는 것을 말하는 것이 아니라, 직원들이 지금 리더와 같은 방식으로 일하고 있으며, 또 리더가 원하는 방식으로 그들도 리드 되기를 원할 것이라는 생각에 이의를 제기하는 것이다.

문제는 모든 사람이 앞 사례의 팀장과 같은 경험을 가지고 있는 것은 아니라는 점이다. 어떤 직원들은 일과 연결되어 있다는 느낌을 갖기 위해, 또 자기 생각을 확인하기 위해 상호작용이 지속적으로 필요하다. 한편 다른 직원들은 담당 업무를 받으면, 그것을 완료할 때까지 간섭 받지 않기를 원하고, 도움이 필요할 때는 자기가 연락하는 것을 선호한다.

> 이런 사례도 있었다. 최근에 팀에 합류했고, 원격근무 경험이 없는 한 직원은 거의 매일 어떤 형태로든 접촉하기를 원했다. 때로는 다뤄야 할 구체적인 질문이 있었고, 때로는 그 사람이 세상에 혼자만 있는 것이 아니라는 것을 확인하고 싶어할 때도 있었다. 이 때는 매우 짧게, "어떻게 돼 가요? 내가 도와 줄 것은 없어요?"라고 묻는 간단한 메시지만 있으면 되었다.
>
> 다른 한 직원은 정규직이었고, 약간 내성적이었다. 그는 보통 전화나 (마지못해) 웹캠으로 더 길고, 매우 구조화된 토론을 간혹 하는 것을 선호했다. 팀장은 그 직원에게는 방해로 받아들여지는 대화를 가끔 시도해야 했다.

어떤 직원이 선호하는 짧고 자주 개입하는 방식이 다른 직원은 미세 관리라고 생각하여 싫어 할 수 있다.

한편 직원의 능력에 대한 신뢰와 그들을 방해하지 않으려는 노력이 의사소통 부족이나 심지어 배려 부족으로 보일 수도 있다.

같은 장소에서 함께 일할 때는 각자가 선호하는 업무 방식을 파악하기가 훨씬 쉽다. 누가 아침형 인간이고, 누가 아닌지를 파악할 수 있다. 외향적이고 수다스러운 사람들이 누구인지, 이어폰을 끼고 열심히 일을 하는 사람은 누구인지도 알 수 있다. 당신이 그들의 자리에 다가갔을 때, 그들이 당신의 접근을 반가워하는지, 방해로 생각하는지 그들의 얼굴을 보면 알 수 있다.

원격 근무를 할 때는 이러한 단서들 대부분을 눈으로 볼 수 없기 때문에, 리더는 자신의 짐작, 개인적 취향, 그리고 상대방과의 제한적인 근무 경험에 근거하여 일을 하게 될 것이다. 황금률과 비슷하게, 리더는 자신이 좋아하는 방식으로 직원들을 리드하기 쉽다. 인간은 서로 다르기 때문에 이 전략은 리더의 성공을 제한할 수 있다. 그것이 황금률을 "**황금 제안**Golden Suggestion" 으로 수정하는 이유다. 즉, 직원들에게 가장 잘 맞는 방법으로 리드하는 것이 효과적이라는 것이다. 그들에게 가장 잘 맞는 것이 무엇인지 리더가 100 퍼센트 확신할 수 없기 때문에 "제안"이라고 했다.

황금 제안의 적용

이 방법을 더욱 자신 있게 할 수 있도록 필요한 통찰력을 얻는 데에는 다음 두 가지 방법이 있다:

업무 스타일 진단

당신은 아마도 함께 일하는 직원들로부터 "신호 포착"을 잘 하는 사람일 것이다. 그렇지 않았으면, 아마 지금 리더 역할을 하고 있지 못할 것이다. 리더가 자신이 선호하는 업무 및 의사소통 스타일을 파악하고, 직원들의 스타일을 파악(또는 최소한 인지)할 수 있도록 설계된 많은 진단 도구들이 있다.

DISC, MBTI, Strengths-Finder 등과 같은 도구들을 활용하면, 함께 일하며 발생하는 어려움의 원인뿐만이 아니라, 리더와 직원들의 서로 잘 맞는 점을 파악하는 데도 도움이 된다.

이러한 진단 도구 대부분은 온라인에서 활용할 수 있다. 진단이 어떻게, 언제 이루어지든, 진단 후에 리더(및 직원들)가 배운 것을 실제 적용하는 데 도움이 될 교육과 자료가 있는지 확인해 봐야 한다. 이 단계를 건너뛰지 마라.

이런 진단 도구들은 완전한 심리 연구는 아니지만, 구체적인 정보를 바탕으로 의사결정을 하는 직원인지, 직관에 의존해서 의사결정을 하는 직원인지를 파악하는 데 큰 도움이 될 수 있다.

우리는 DISC를 가장 자주 사용하고 있지만, 리더가 직원들의 의사소통과 행동 스타일의 차이를 더욱 잘 이해하기 위해 진단 도구를 활용한다면, 어떤 진단 도구를 사용하는가에 대해선 신경쓰지 않는다. 어떤 카메라를 사용하느냐는 것보다 사진을 찍는 것 자체가 더 중요하지 않겠는가?

직원들의 선호를 고려하라

아마도 어떤 특정 의사소통 방법을 선호하는 직원들이 있을 것이다; 어떤 직원들은 문자 메시지와 이메일을 선호하고, 다른 직원들은 전화를 선호할 수도 있다. 소통 툴이 의사소통에 문제를 일으키지 않는다면, 직원들이 선호하는 툴을 선택하는 것은 소통에 부정적인 영향을 주지 않으면서 신뢰 관계를 형성하는 방법이다. 그러나 소통 툴의 선택이 업무 성과에 문제를 야기한다면(당신은 문자 메시지를 받는 것을 싫어하는 고객에게 그것을 보내지는 않을 것이다), 리더는 직원들의 선호에 따르는 것이 아니라, 업무 상황에 적합한 툴을 선정해야 될 것이다.

어떤 방법으로 일하기를 원하는지 직원들에게 물어 보라

당신 팀에 확립되어 있는 행동규범(예, 얼마나 자주 소통할 것인가)은 직원들과 대화를 통해 설정했는가, 아니면 당신이 결정해서 직원들에게 지시했는가? 앞에서 소개했던 팀의 사례로 돌아가 보면, 한 직원은 불필요하게 방해받는 것을 원치 않는 반면, 한 직원은 자주 연락하는 것이 필요하거나, 그것을 원하고 있다. 이 두 번째 직원은 리더의 "잦은 연락"을 "괴롭히는" 것으로 받아들이지 않을 것이다.

공정한 것이 균일한 것을 의미하지 않는다는 것을 기억하자. 직접 만나는 빈도, 전화 회의나 가상 회의 개최 빈도 등에 대해 팀 전체의 행동규범을 설정은 하지만, 직원 개개인과의 의사소통 빈도, 길이, 방식 등은 서로 다르게 해야 할 수도 있다.

물어 보더라도, 효과가 없을 수도 있다

단지 물어본다고 해서 필요한 것이 항상 얻어지는 것은 아니지만, 상황을 망쳐서는 안 된다. 리더와 직원 사이에는 항상 힘의 불균형이 존재하므로, 리더는 질문을 신중하게 표현하는 것이 중요하다. "일주일에 한 번 정도 연락하면 되겠는가?"라고 물으면, 직원은 리더가 실제 자신의 의견을 묻기보다는 자기가 해야 할 것을 말하는 것으로 해석할 수 있다.

이러한 의견을 물을 때는, 직원들의 선호에 대한 중립적인 질문을 해야 한다.

예를 들면,

- "어떻게 하면 당신이 성공하도록 도울 수 있을까요? 당신을 지원해서 본 궤도에 오를 수 있도록 돕고 싶소".

- "우리가 얼마나 자주 1:1 대화를 했으면 좋겠소?"

직원들이 무엇 때문에 신경을 쓰고 있는지 파악하지 못할 수도 있고, 리더의 지위로부터 느끼는 위축감의 정도에 따라 정보가 다르게 해석될 수도 있을 것이다.

다시 말하지만, '황금률'은 당신 자신에게 효과적이었던 방법으로 하도록 할 것이다. '황금 제안'은 직원에게 효과적인 방법으로 하도록 할 것인데, 특히 비대면으로 리드할 때, 더 많은 생각을 필요로 한다.

우리의 사례

우리는 비록 이 책의 공동 저자이지만, 업무적으로 케빈Kevin은 웨인Wayne의 상사이다. 웨인은 팀 회의에 참석하지 않는 것에 전혀 개의치 않으며, 또 혼자서 자기 일을 하는 것에도 문제가 없지만, 그는 자주, 짧은 의사소통을 필요로 한다. 케빈은 직원들의 의사소통을 계획하고 균형을 맞추기 위해 열심히 노력한다.

문제는, 웨인의 업무 리듬을 유지하기 위해서는 가볍고 잦은 의사소통이 필요하다는 것이다.

그래서 매일 아침 두 사람 사이에는 짧은 메시지 교환이 있다. 보통은 "좋은 아침, 내가 알아야 할 것이 있소?"와 같은 것이다. 10번 중 9번의 대답은 "아니, 없소"이다. 케빈은 이러한 메시지 교환이 자신에겐 "필요"치 않지만, 웨인에게는 필요하다는 것을 알고 있다. 웨인에게는 서로 연결되어 있다는 느낌을 준다. 시간도 많이 걸리지 않고, 때로는 시의적절한 대화로 발전하기도 하고, 그렇지 않았으면 지연되었을 회의를 빨리 하도록 만들기도 한다.

케빈은 모든 직원들과 이 같은 아침 교류를 하는가? 전혀 아니다. 관계와 의사소통에 관한 각 직원의 요구에 맞추는 것이 중요한데, 모두가 같은 방식을 원하지는 않는다.

직원들이 당신을 따르게 하는 것이 리딩이라면, 직원들은 자신이 존중을 받는다고 느껴야 한다. 황금 제안을 적용하면, 직원들을 가장 긍정적이고, 건설적이며, 효과적인 방법으로 리드할 수 있다. 같은 곳에서 근무하는 직원들을 포함한 모든 직원들과의 상호작용에 이것이 도움이 되겠지만, 단지 원격 근무 직원들의 업무 스타일, 선호도 및 니즈를 정확하게 판단하는 데는 좀 더 많은 어려움이 있다.

**관계와 의사소통에 대한 각 직원의 요구에 맞추는 것이 중요한데,
모두가 같은 방식을 원하지는 않는다.**

성찰과 실천

☞ 의사소통이 가장 어려운 직원은 누구인가?

☞ 그 직원과 당신의 일하는 방법의 차이점은 무엇인가?

☞ 그 직원의 어떤 행동이나 반응을 보고, 그런 차이점을 깨닫는가?

☞ 그 직원과 효과적으로 일하기 위해 무엇을 바꾸어야 하겠는가?

10장
/ 조직의 역학 관계에 대한 이해 /

**원칙 10. 성공적으로 리드하기 위해서는 직원들의 행동뿐만이 아니라,
무슨 생각을 하고 있는가를 이해해야 한다.**

정치는 문제를 찾아 헤매고, 어디서나 찾아내고,
잘못 진단하고, 잘못된 해법을 적용하는 예술이다.

— 그루초 마르크스(Groucho Marx), 미국 희극배우

'조직의 역학 관계'에 신경쓰기 싫어서 리더가 되고 싶지 않았던 사람이 있었다. 그녀는 자신의 실력만으로 당당하게 성장하고 싶었지, 직원들 신경 쓰며 일하고 싶지 않았다. 그런데 어느 멘토의 도움으로 그녀는 조직의 역학관계에 대한 올바른 관점을 갖게 되었다.

이제 그녀는 정치적 수완을 부리는 것과 일을 완성시키기 위해 필요한 인간관계와 상호작용을 인정하는 것 사이에는 차이가 있다는 것을 이해하게 되었다. 그 멘토의 도움으로 그녀는 관점을 바꾸고 리더로 승진했다. 현재 그녀는 직원들이 전국에 퍼져있는 팀을 이끌면서 조직의 역학관계를 잘 관리하려고 노력하고 있다.

많은 사람들이 "조직의 역학관계"라는 단어에 얼굴이 굳어진다. 그 말은 심지어 어떤 사람들에게는 리더가 되고 싶지 않는 이유가 되기도 한다. 조직의 역학 관계는 마키아벨리주의적인 음모, 즉 권력을 공고히 하고, 자신의 권력

을 키우려는 사람들의 모습을 떠올리게 한다. 조직을 희생하여 개인 이익을 챙기는 것으로 말이다.

당신은 '조직의 역학관계에 신경쓰지 않는다'는 것을 그 무엇보다 우선시하고 있다고 생각하고 싶겠지만, 사람들 사이에 존재하는 상호작용, 역할, 권력을 이해하지 않고는 누구도 집단을 성공적으로 이끌어 갈 수 없다. '정치'라는 용어는 보통 정부 기관을 통치하는 것에 적용하는 말이지만, 조직에서 의사결정이 이루어지게 하고, 목표를 향해 움직이도록 하는 역학 관계를 지칭하는 말일 뿐이다.

리더로서의 역할을 수행하는 동안, 당신은 조직의 역학관계를 알고 있었던 셈이다. 당신은 의사결정자가 누구인지, 누가 말만 하고 행동은 하지 않는 사람인지, 그리고 당신이 정말로 무언가를 완수해야 할 때, 누구에게 접근해야 하는지 알고 있었을 것이다.

우리는 당신이 냉소적인 태도로 직원들을 다루지 않기를 바라지만, 어떻게 하면 일이 되는지, 어떻게 하면 일이 안 되는지에 대한 이해가 당신에게 없었다면, 당신은 리더의 위치에 오르지 못했을 것이다.

이미 논의한 바와 같이, 큰 틀에서 리더의 역할은 변하지 않았지만, 함께 일하는 직원들과 떨어져 있는 것은 역학관계의 어려움으로 등장할 수 있다. 특히 리더는 직접 보아야 하고, 또 보여 주어야 한다. "본다"라는 것은 조직 내에서 무슨 일이 일어나고 있는지 이해하는 데 필요한 정보를 수집하는 것을 의미한다. 대화의 단서를 포착하고, 행동을 눈치채고, 업무 수행에 장애가 되는 루머를 파악한다는 뜻이다.

아마도 더 중요한 것은 정보가 어떻게 흐르는지, 관계가 어떻게 형성되는지를 깊이 있게 이해하는 일일 것이다. "보여준다"고 하는 것은, 직원들이 리더에 대한 정보를 얻게 되는 통로를 의미한다. 여기에는 시각적 단서뿐만 아니라, 리더가 보낸 문서, 리더에 대한 다른 사람들의 평가, 그리고 조직에 대한 리더의 모범적 자세 등이 포함될 수 있다.

모든 사람이 같은 장소에서 일할 때는, 리더는 어떠한 추가적인 생각이나 노력 없이도 시각적으로 다양한 정보를 얻는다. 직원들이 얼굴을 찡그리며 불평하거나, 서로 웃으며 함께 있는 것을 즐기는 것을 즉각 알아차린다. 직원들은 리더가 무엇을 하고 있는지 물어볼 필요가 없다. 그들은 리더가 언제 출퇴근을 하는지도 본다. 그들은 리더가 어떤 사람인지 알 수 있다. 만약 리더가 대화하기 편한 사람이라면, 그들은 리더에게 쉽게 말을 꺼낼 것이며, 질문 받는 것도 꺼리지 않을 것이다. 직원들은 리더의 긍정적 행동들을 직접 체험하거나 그것들을 목격하고는 리더의 리더십에 대한 긍정적인 평가를 내리게 될 많은 기회를 갖는다.

반면에, 만약 리더를 오랫동안 보지 못하게 되면, 직원들은 리더에게 무슨 일이 일어나고 있는지 궁금해 한다. 정보가 부족할 때, 추측은 루머로 확대 재생산 된다. 이메일로 설명된 리더의 행동은 잘못 해석될 수 있고, 며칠 혹은 몇 주 동안 그 직원과 대화를 하지 않기 때문에, 리더가 예상하지 못했던 행동을 그 직원이 하는 것을 발견할 때까지는 리더의 메시지에 문제가 있다는 것을 인식할 수가 없다.

소문은 버섯처럼 어둠 속에서 자란다는 것을 기억하자. 소문이 곪지 않도록, 투명하고 쉽게 접근할 수 있도록 하는 것이 리더의 일이다. 리더가 어떤 프로젝트 팀을 이끌고 있거나, 원격 근무 직원들이 리더에게 보고를 하지 않는 특별 팀을 이끌고 있다면, 이러한 어려움은 훨씬 더 클 수 있다. 그리고 물론 다국적 기업의 경우 현지의 제도와 문화에 대한 고민이 있다. 원격 근무를 한다면, 리더가 어떻게 보고, 또 보여 줄 것인지에 대해 매우 의식적이어야 한다. 당신은 이것에 대해 얼마나 잘 하고 있는가?

가상 세계에서 좀 더 명확하게 "보자"

원격 근무를 할 때, 문서는 훨씬 더 큰 중요성을 갖는다. 문자, 보고서, 이메일, 그리고 메신저들은 리더가 일하는 시간에 잠자는 시간인 직원들로부터 정보를 얻는 방법이다. 문서의 문자적 내용 이상을 읽어야 한다. 분위기, 논지, 그리고 어떤 말을 반복적으로 쓴 것 등을 주의해서 보자. 정보가 자발적으로 제공되고 있는지, 아니면 정보를 지속적으로 요청해야 오는지 자문해 봐야 한다.

이를 달성하기 위한 툴과 기법에 대해 구체적으로 설명하겠지만, 현재로선 주변에서 벌어지는 상황에 대해 잘 알고 있어야 한다. 같은 방에 있든, 다른 대륙에 있든, 업무의 프로세스를 진지하게 평가해 봐야 한다. *'사람들이 잘 협력하고 있는가? 리더가 지향하는 비전을 잘 수용하고 있는가? 일이 순조롭게 진행되고 있는가? 아니면 의사소통 차이나 우선순위 갈등 때문에 업무가 지연되거나 중단되고 있는가?'*

이것은 유익한 질문들이다. 당신은 이 질문들에 답을 할 수 있는가?

우리는 지금, 직원들이 어떻게 상호 작용을 하고 있고, 또 그것이 조직의 목표에 어떤 영향을 미치는지를 정확하게 파악하기 위한 정보를 수집하고, 해석하는 것에 관한 이야기를 하고 있다. 원격 근무에서는, 이것이 여러 방식으로 이루어진다.

먼저, 리더는 정보를 수집하는 법을 알아야 한다. 만약 모든 정보가 동일한 출처에서만 나온다거나, 혹은 서로 나누는 이메일만으로 직원들이 어떻게 협력하는지를 이해하려고 한다면, 당신은 의사결정의 바탕이 되는 데이터를 제한적으로 받고 있는 것이다. 좀 더 광범위하게, 다양한 방법으로 정보를 수집한 다음, 그 데이터를 현재 당신 주변에서 일어나고 있는 일에 대한 명확한 그림으로 가공해 보자. 더 많은 사람에게 묻고, 더 많은 소스를 살펴 보고, 전화 회의와 가상 회의에 더 세심한 주의를 기울여 현실을 더 명확하게 파악하자.

보여 주자

리더가 주변에서 정보를 모으고, 본 것을 통해서 세상에 대한 관점을 발전시키듯이, 함께 일하는 직원들도 마찬가지다. 직원들이 리더를 어떻게 보는가는 중요하다. 그리고 리더가 그것을 깨닫든 못 깨닫든, 직원들은 리더를 세심하게 관찰한다. 그리고 다음과 같은 질문에 대답할 단서를 찾고 있다.

- 리더는 직원들에게 신경을 쓰고 있는가?
- 리더는 직원들 업무에 신경을 쓰고 있는가?
- 리더에겐 무엇이 가장 중요한 일인가?
- 리더는 믿을 수 있는 사람인가?
- 리더가 좋아하는 사람들은 누구인가?
- 리더는 어느 특정 그룹(혹은 사무실에서 근무하는 사람들)에게 혜택을 더 많이 주고 있는가?
- 리더는 솔선수범하고 있는가?

리더와 상호작용하는 직원들은 어떻게 상호작용 할지를 결정하기 전에 먼저 자신의 경험과 그 결과를 검토해 본다. 리더로서, 당신이 어떤 인상을 주고 있는지 더 잘 파악하라. 만약 직원들이 리더를 실제 겪어본 적 없이 이메일을 통해 간접적으로만 알고 있다면, 리더에 대한 긍정적인 인상을 갖고, 리더가 성취하고자 하는 것이 무엇이며, 또 그 이유는 무엇인지를 파악할 기회를 박탈하는 것이다. 확실한 증거가 없을 때, 직원들은 상상을 하게 되고, 그것이 대개는 긍정적이지 않은 방향이 되기 쉽다. 리더가 직원들 눈에 보이지 않으면, 소문, 험담, 그리고 메시지에 대한 오해의 소지가 생긴다.

리더로서, 당신은 직원들에게 충분할 정도로 모습을 드러내는가? 당신은 직원들에게 어떻게 비춰지고 있는가? 직원들은 당신의 어떤 점을 주목하고 있는가(그것을 어떻게 아는가)?

조직의 역학관계에 대한 이해

리더는 동시에 모든 곳에 있을 수 없고, 또 통제 범위가 넓어지면, 필요한 의사소통 양이 너무 많아서 리더를 압도할 수 있다. 심지어는 직원들이 같은 장소에서 근무할 때도 말이다. 그렇더라도, 리더는 자기 조직의 작동 방식과 정보의 출처를 알고 있어야 한다.

자신이 이끌고 있는 조직이 다국적 기업이든, 학부모 모임이든, 리더는 모든 사람들을 하나로 통합하는 역할을 이해하고 있어야 하고, 성공에 핵심적인 사람들을 파악할 수 있어야 한다.

• •

**자신이 이끌고 있는 조직이 다국적 기업이든, 학부모 모임이든,
리더는 모든 사람들을 하나로 통합하는 역할을 이해하고 있어야 하고,
성공에 핵심적인 사람들을 파악할 수 있어야 한다**

• •

모든 의견 불일치에 대해 집착하거나 누군가가 자기 자리를 노리고 있는지에 대해 편집증을 갖는 것은 리더의 올바른 성품과는 거리가 멀다. 그러나 리더 자신의 노력과 조직의 성공에 도움이 되거나 방해가 될 수 있는 인간관계와 역학관계에 대해서는 알고 있어야 한다. 이러한 요소들은 끊임없이 변화하고 있다는 것을 알고, 리더는 자신과 직원들과의 관계를 수시로 점검해 볼 필요가 있다.

조직 내 인간관계와 의사소통을 평가하고, 잠재적인 사각지대를 식별하는 데 도움이 되는 실습이 하나 있다. 이것은 직원들과도 함께 논의해 볼 가치가 있을 것이다.

- 기억만으로 조직도를 그려보고, 그것을 "공식 조직도"와 비교해 보라. 모든 부서를 다 기억해 냈는가? 깜빡 잊은 곳이 있는가? 역할이 있다는 건 알지만, 그 역할을 하는 직원들의 이름을 모르는 곳이 있는가?

- 공식 조직도와 실제 운영되고 있는 형태를 비교해 보라.
해당 부서에서 공식적인 의사결정권자와 실제 영향력을 발휘하는 사람들을 구분할 수 있는가? 직위가 전문성이나 신뢰를 보장하지는 않는다는 것을 당신은 경험으로 알고 있을 것이다. 누가 동료들의 의견을 경청하는지, 직원들은 얼마나 잘 협력하는지 알고 있는가?

성찰과 실천

☞ 당신의 인간관계는 어떤 부분에서 강하고, 또 바람직하다고 생각하는가?

☞ 인간관계에 있어 어떤 부분을 개선해야 하는가?

☞ 개선할 것은 직원 개인과의 관계인가, 아니면 팀 전체와의 관계인가, 혹은 일부 집단과의 관계인가?

☞ 현재 직원들로부터 받고 있는 정보를 얼마나 신뢰하는가?

☞ 정보에 대한 신뢰도가 낮다면, 그 원인은 무엇인가?

☞ 원격 근무가 이러한 문제들에 어떤 영향을 미치며, 이것을 개선하기 위해 무엇을 할 수 있는가?

11장
▌ 원격 근무에서의 신뢰 구축 ▌

원칙 11. 원격 근무에서의 신뢰 관계는 우연히 구축되는 것이 아니다.

업무를 위임하고, 리더가 그 직원을 신뢰한다는 것을
그에게 알리는 것만큼 그 직원에게 도움되는 것은 없다.

— 부커 T.워싱턴 Booker T. Washington, 미 교육자/연설가

직원들과의 신뢰 구축에는 자신감을 가지고 있는 리더가 있었다. 그것은 그를 성공적인 리더로 만든 한 요인이었다. 그러나 일단 원격 근무 팀을 맡은 후부터는 그 리더는 당황스러워 했다. 여느 때와 같은 바람직한 긍정적인 관계를 쌓고 싶었지만, 이제는 거의 만나지도 못하는 새로운 직원들과 함께 근무하게 된 것이다. 그 리더가 원격 근무에서의 신뢰 관계를 이해하게 될 때까지 매우 힘들어 했었다. 일단 더 큰 그림을 갖게 되자, 그 리더는 새로운 원격 직원들을 더 성공적으로 리드하기 시작했다.

리더에게는 신뢰가 무엇보다도 중요하다. 리더는 직원들을 믿을 수 있어야 하고, 직원들도 리더를 믿을 수 있어야 한다. 짐 쿠제스(Jim Kouzes)와 배리 포스너(Barry Posner)는 다른 많은 사람들과 마찬가지로 신뢰의 중요성에 대한 글을 폭넓게 써 왔다.[1] 직원들이 리더를 신뢰하고, 리더가 그들을 신뢰했을 때, 일이 더 잘 진행되고, 더 많은 일이 더 빨리 이루어진다는 것을 리더들은 최소한 자신의 경험을 통해 알고 있을 것이다.

원격 근무를 할 때는 같은 장소에서 일할 때보다 신뢰가 더 돈독해야 한다고 말하는 것은 사리에 맞지 않는다. 왜냐하면 원격 근무를 할 때는 신뢰가 쌓이기 더 어렵고, 또 그것이 쉽게 깨지기 때문이다. 더 심각한 것은 그 신뢰 부족의 결과가 당장 나타나지 않을 수도 있고, 그 피해를 돌이킬 수 없는 경우도 있다는 점이다. 프로젝트가 예정보다 훨씬 뒤처졌을 수도 있고, 팀이 잘 운영되지 않을 수도 있고, 중요한 직원들이 회사를 떠날 수도 있는데, 리더는 이런 경우를 전혀 사전에 예상을 하지 못한다는 것이다.

신뢰의 삼각형

연인 사이든, 친구 사이든, 혹은 당신이 리드하는 프로젝트 팀의 경우든, 신뢰는 같은 방식으로 쌓이거나, 무너지게 된다. 이 주제에 대해서는 많은 연구들이 있고, 많은 모델들이 만들어졌다. 원격 리더십 연구소에서는 말 그대로 신뢰에 관한 수백 권의 책과 연구논문을 읽고, 높은 수준의 신뢰가 구축되기 위해 필요한 세 가지 요소, 즉 공동의 목적, 역량, 동기(그림 10)가 있다는 것을 알았다. 이 세 가지 요소를 잘 갖출수록 더 돈독한 신뢰를 구축하게 될 것이다.

그림10. 신뢰의 삼각형

실천에 있어서의 신뢰 요소

당신에게 카드 게임을 함께 하는 친구가 있다고 하자. 만약 이 공동 목적 common purpose이 있다면, 당신들은 서로 신뢰를 갖게 될 것이다(게임을 좋아하고, 함께 게임하는 것을 즐긴다). 두 사람은 게임에 역량competence이 있고(규칙을 알고 있고, 비슷한 수준의 스킬과 전략을 가지고 있으며, 공정하게 게임을 할 수 있다), 상대에게도 그런 역량이 있음을 인지한다면, 서로에 대한 신뢰가 더욱 쌓일 것이다. 그리고 두 사람 모두 동기motives가 합치된다고 느끼는 한(게임을 해서 누가 이기는지 보고 싶다), 여기에 대한 신뢰 역시 높아질 것이다. 하지만 만약 당신 친구가 속이고 있다는 것, 즉 게임을 하는 친구의 동기가 당신과 같지 않다는 것을 알게 된다면, 신뢰는 떨어질 것이다. 잘못 하면, 그 사람과 더 이상 카드놀이를 하고 싶지 않다는 반응이 나올 것이고, 최악의 경우 그 친구와는 더 이상 만나지 않을 수도 있을 것이다. 신뢰의 삼각형 구성 요소들이 이것을 설명하고 있다.

다음은 질문 형태의 리더십 사례들이다.

- **공동 목적**(Common purpose). 리더와 직원들이 같은 목적을 가지고 있는가?

  같은 방향으로 밧줄을 당기고 있는가? 만약 직원들이 리더의 신념이 건전하지 않는다고 느끼거나, 조직의 목표와 행동에 의문을 품기 시작한다면, 이것은 손상을 받을 것이다.

- **역량**(Competence). 당신은 직원들이 유능하다고 믿는가? 당신이 요구하는 것을 할 수 있는 능력을 직원들은 가지고 있는가? 당신이 약속을 지킬 수 있다고 직원들은 믿는가? 만약 매출 목표가 터무니없이 높고, 직원들은 당신이 현실과 동떨어진 말을 하고 있다고 생각하게 된다면, 신뢰는 떨어지게 될 것이다. 프로젝트에 대한 비관적 전망이 높

을 때에도 그것을 달성하려는 당신의 모든 노력을 팀원들은 알고 있는가?

■ **동기**(Motives). 마지막으로, 모두가 같은 목표를 가지고, 업무적으로도 모두가 수행할 수 있는 역량을 가지고 있다고 하더라도, 과연 직원들이 기꺼이 일을 하려고 할 것인가? 당신은 지금 직원들의 지지를 받고 있는가, 아니면 항상 회사 입장만 대변하는가? 당신은 지금 직원들과 약속한 것을 그대로 실천하고 있는가, 아니면 직원들은 당신이 말만 하고 있다고 의심하고 있는가?

이런 질문과 상황은 어디에서 일을 하든 상관없이 적용된다. 다른 것들과 마찬가지로, 신뢰 구축도 직원들이 같은 곳에서 일할 때와 동일하지만, 원격 근무를 할 때는 그에 대한 직원들의 판단이 달라지므로 신뢰를 쌓는 일이 더 힘들어지게 된다.

원격 근무가 신뢰에 미치는 영향

완벽한 세상에서는 누군가와 가까이에서 일하든 멀리 떨어져 일하든 차이가 없을 것이다. 모두 다 각자의 업무가 있으니까, 리더는 리더의 일을 하고, 직원들은 각자의 일을 하며, 그 어느 쪽도 다른 일로 잠을 설칠 필요가 없다. 그러나 우리는 신뢰 부족 때문에 생기는 다양한 종류의 염려를 듣게 된다.

- "내가 볼 수 없는데, 직원들이 일하고 있는지를 어떻게 알 수 있나?"
- "본사에 근무하는 사람들이 경영층의 관심을 받아 빨리 승진한다."
- "재택근무하는 사람들은 너무 좋다. 그들은 자질구레한 일을 할 필요가 없고, 담당 업무를 수행하는 과정에 상사는 끼어들지 않는다. 우리는 가까이 있어서 상사는 급한 일이 생기면 우리만 찾는다."

우리가 봤던 가장 극적인 사례는 웨인(Wayne)이 신뢰를 쌓는 수단으로 웹캠 사용에 대해 토론하고 있을 때였다. 참가자 중 한 명이 자기들은 웹캠을 사용하지 않는다고 말했었는데, 카메라에 테이프나 스티커를 붙여두고 있다는 것이었다. 그 이유를 물었을 때, 대답은 "조직에서는 우리가 일하고 있는지 확인하기 위해 웹캠을 사용하고, 우리는 감시 당하는 것이 싫기 때문"이라는 것이었다.

조직에서 자신들을 항상 감시하고 있다고 믿기 때문에 직원들이 소통 툴 사용을 거부하고 있다면, 그 조직의 신뢰 수준은 어떻겠는가? 만약 실제로 조직에서 감시를 하고 있다면, 그것은 법적인 문제로 비화될 수 있는 것이고, 우리는 가능한 한 빨리 이 문제를 해결하라고 권할 것이다.

하나의 사례

A와 B, 두 명의 직원이 있는 팀이 있었다. 팀장은 A직원과는 과거에 함께 일해 본 경험이 있다. A직원은 회의에서 말은 잘 하지 않지만, 말을 하면 항상 유용한 말을 한다는 것을 알고 있다. 또한 팀장이 A직원과 일한 기간 동안에 심각할 정도로 업무 완료 시일을 놓치거나 약속을 어긴 적이 없었다. 따라서 팀장은 A직원을 암묵적으로 신뢰하고 있다.

한편 B직원은 팀에 새로 들어왔고, 그와 팀장은 같이 근무한 경험이 없다. 팀장은 B직원이 전화 회의에서 이야기하는 것을 보고 똑똑해 보인다고 느낀 것 외에는 그에 대해 아는 것이 거의 없다. 그러나 B직원이 지난 번의 업무 완료 일을 지키지 못했다는 것을 알고 있다

팀장은 누구를 더 신뢰하겠는가? 문제는 (아마도) B직원에게만 있는 것이 아니다. 누구나 마감일을 놓칠 수 있는데도, 팀장은 그의 능력, 그룹과의 조화, 동기부여 등에 대해 아주 제한된 정보를 바탕으로 판단을 내리고 있다. 만약 팀장이 천성적으로 사람을 신뢰하는 편이라면, B직원에게 좀 여지를

줄 수도 있겠지만, 편집증적이거나, 성격이 급하거나, 혹은 지금 기분이 좋지 않은 상태라면, 팀장은 신뢰를 느끼는 사람과 함께 갈 것이다. 팀장은 심지어 B직원에게는 어떤 일도 위임을 하지 않겠다고 마음 먹을지도 모른다.

실제 생활에서

이런 일이 원격 근무팀에서 자주 일어난다. 당신이 도움을 요청하는 문자 메시지를 보낼 때, C직원은 항상 빨리 응답하기 때문에, 당신은 그녀가 돕고 싶어하는 마음을 갖고 있다고 판단한다. 당신이 비슷한 문자 메시지를 D직원에게 보냈을 때, 그는 하루가 지난 뒤 응답했다면, D직원은 당신의 일이야 어떻게 되든 말든 상관하지 않는다고 가정한다. 이런 판단을 내리는 것은 합당치 않아 보인다. 아마 D직원은 하루 종일 회의를 했거나, 당신에게 응답하기 전에 먼저 최선의 방안을 확실히 찾으려 했는지도 모른다. 그러나 당신은 자신이 확보한 자료에 근거해 D직원보다 C직원을 더 믿기로 결정했고, 시간이 흐르면서 점점 더 C직원만 찾게 될 수도 있다.

신뢰는 증거에 기반한다. 증거가 없으면 그 사람을 믿을 수 있을지 짐작해

••

**대부분의 사람들에게는
신뢰를 구축하는 것보다 훼손하는 것이 훨씬 더 쉽다.**

••

야 한다. 만일 긍정적인 시각을 갖겠다고 마음 먹으면, 그것은 잠시는 효과가 있다. 하지만 당신의 신뢰를 흔드는 일이 생기면, 어떻게 되겠는가? 대부분의 사람들에게는 신뢰를 구축하는 것보다 훼손하기가 훨씬 더 쉽다.

원격 근무를 할 때는, 어떤 직원이 당신의 목적에 부합하는지, 그의 업무에서 유능한지, 당신만큼 동기부여가 되어 있는지를 평가할 기회가 적다. 같은 장소에서 일을 하면, 일찍 출근하고 늦게 퇴근하는 모습도 보게 되고, 회의

때 메모를 하는 모습도 보인다. 만약 어떤 직원에 대해 궁금한 것이 있다면, 누구에게 물어봐야 되는지 리더는 안다. 그러나 함께 일하는 사람들에 대해 잘 알지 못하고, 그들과 교류할 기회가 거의 없을 때는, 강하고 지속적이며 상호 신뢰하는 업무 관계를 구축하기가 어렵다.

원격 근무에서의 의식적인 신뢰구축

원격 근무를 하더라도 신뢰를 쌓을 수는 있지만, 그것이 저절로 일어나지 않는다. 직원들에게 모든 사람이 신뢰 삼각형의 세 가지 요소(즉, 공동 목적, 역량, 동기)에 함께 맞춰져 있다는 것을 깨달을 기회를 주라. 신뢰 삼각형의 세 가지 요소와의 일치는 당신의 업무에서 중요한 부분이다. 일단 사람들이 그들이 누구와 함께 일하는지, 동료 직원들이 얼마나 유능한지, 그리고 모두가 같은 목표를 향하여 가고 있다는 것을 알게 되면, 자신의 도움이 필요하다고 생각되거나 도움을 요청 받았을 때 흔쾌히 다른 사람들을 도울 것이고, 이것으로 신뢰가 쌓이게 된다.

원격 근무를 할 때는, 직원들은 직접 얼굴을 마주할 때만큼 상호작용을 많이 하지 않는다. 소통은 리더를 통해 이루어지며, 직원들은 서로를 실제로 볼 기회도 거의 없다. 그러므로 이 책에서는 직원들 사이의 신뢰를 쌓는데 도움을 주기 위해 매우 실용적인 방안들을 제안하고 있다.

다음 리스트를 참조하라:

- **회의를 전략적으로 활용하라.** 바삐 돌아가는 요즘의 부작용 중 하나는 시간이 너무 소중해졌다는 것이다. 많은 리더들은 시간 낭비를 하지 않고, 회의를 가능한 빨리 끝내야 하는 것으로 생각하고 있다. 따라서 회의는 업무적이고, 짧게 진행된다. 전화 회의나 웹 미팅에서는 이런 특징이 더욱 뚜렷하다. 하지만 회의는 직원들이 한 팀으로써 동료에

게 말을 할 수 있는 유일한 시간일 수도 있다. 직원들로 하여금 다른 팀원들과 이야기할 수 있는 시간을 주라.

당신은 회의 때마다 한 사람씩을 소개하며, 동료들 앞에서 그에게 자신의 업무를 소개하거나 자신의 장점을 자랑하게 할 수도 있다("엑셀에 관해 질문이 있다면, 제가 도와줄 수 있어요"). 또는 매주 이슈들을 소개하며, 동료들이 갖고 있는 질문이나 어려움에 대한 답을 얻을 수 있도록 돕는다. 누군가의 문제 해결을 돕는 것만큼 동기부여가 되는 것은 없다. 아젠다를 포함하여 훌륭한 미팅의 모든 장점을 사용하되, 원격 근무 팀에게는 이러한 미팅이 의사소통 및 업무 수행 이상의 역할을 한다는 점을 기억하자. 즉, 미팅은 신뢰를 구축할 수 있는 시간이다.

■ **칭찬을 공개적으로 하라.** 리더는 대부분 긍정적인 피드백이 중요하다는 것을 알고 있을 것이다(우리는 8장에서 이것에 대한 전반적인 이야기를 했다). 불행히도 원격 근무에서는 그것이 주로 1:1로 이루어진다. 그렇게 되면 칭찬받는 그 사람은 기분이 좋겠지만, 나머지 직원들은 그 사람의 성공적 수행을 위해 무엇을 도왔는지, 그 업무를 완수할 수 있도록 다른 직원들이 얼마나 열심히 일했는지 등의 기여에 대해 듣지 못한다. 리더는 직원들이 서로의 장점, 역량, 노력을 알 수 있도록 도와야 한다.

■ **과제 할당은 공개적으로 하라.** 과제를 할당할 때는 실제로 공정하게 하는 것과 함께 직원들이 공정하다고 느끼게 하는 것이 중요하다. 흔히 원격 근무 직원들은 다른 직원들이 무엇을 하고 있는지 알지 못한다. 이것은 "다른 직원들"은 자신이 감수하고 있는 자질구레한 일을 면제받고 있을지 모른다는 생각을 갖게 할 수 있다. 업무를 위임하거나 할당할 때, 전체 직원들에게 누가 무엇을 하는지 알 수 있도록 해야 한다. 당신은 원격 회의에서 업무 위임을 하지 않을 수도 있지만, 어떤

업무를 어떤 직원에게 위임했다는 것을 직원들이 알도록 하면, 생각보다 더 많은 유익이 있다.

■ **서로에 대해 알고, 신뢰를 쌓을 수 있는 기회를 의도적으로 만들어라.** 리더는 의도적으로 직원들을 섞고, 멘토를 배정하고, 교육의 일부를 직원들에게 위임함으로써 그렇게 하지 않았으면, 서로 밀접하게 협력하지 않았을 직원들이 서로를 알아 갈 수 있도록 도울 수 있다. "업무를 빨리 해야 된다"라는 생각으로 팀 신뢰를 쌓을 기회를 놓치지 마라.

■ **소통 툴을 사용해서 관계를 구축하라.** 우리 모두는 우리가 알고, 좋아하고, 신뢰하는 사람들과 일을 가장 잘 한다. 하지만 우리는 어떻게 서로를 알아갈 수 있을까? 웹캠과 같은 동기식 툴은 사람들이 이름과 얼굴을 매치시킬 수 있게 해준다. 시카고의 드폴DePaul 대학의 연구는 우리가 상대방의 얼굴을 알 때, 거짓말, 배척, 지나치게 공격적인 행동 등과 같은 부정적인 태도가 줄어든다고 말한다.[2] 직원들이 이름과 얼굴을 서로 알 수 있도록 도와야 한다. 다시 강조하는데, 특히 1:1 웹캠의 사용을 장려한다. 또한 쉐어포인트SharePoint와 같은 비동기식 툴을 사용하여 업무 현황 및 전문성을 보여 줄 수 있다. 직원들이 많거나 근무 시간대가 분산되어 있다면, 서로 말을 하지 않더라도 여전히 동료 직원들에게 도움과 통찰력을 제공할 수 있는 Q&A 포럼을 하는 것을 검토해 보자.

■ **이상 징후를 보면, 뭔가 반응을 하라.** 팀에 신뢰 문제가 발생했다는 것을 알려주는 징후는 많이 있다. 만약 당신이 갑자기 이메일을 많이 받고 있다면(예: 모든 메일에 참조로 받는 것) 그것은 문제의 징후일 수 있다. 어떤 직원이 자신이 현재 무슨 일을 하고 있는지 알리려는 의도일 수도 있고, 어쩌면 상대 직원을 신뢰하지 못한 나머지 당신을 그 메일에 포함시킴으로써 확실하게 회신을 받을 의도일 수도 있다. 문제가 있

음을 암시하는 행동을 볼 때는, 적극적으로 상황을 파악하고, 직원들이 상황을 명확히 알도록 돕고, 연결고리를 만들게 돕고, 갈등을 줄여주고, 만약 필요하다면 기대를 재설정해야 한다.

신뢰는 깨지기는 쉽고, 회복되기는 어렵다는 것을 기억하라. 또한 그것은 단독으로는 쌓을 수는 없다. 팀 전체 및 각 팀원들과 자주, 솔직하게 대화하는 것은 문제를 피하는 데 도움이 된다. 나폴레옹은 이렇게 말했다. *"만약 전쟁을 피하고 싶으면, 전쟁을 유발하는 수천 개의 사소한 짓들을 피하라."*

성찰과 실천

☞ 팀에 신뢰가 떨어질 징후가 보이는가? 어떤 징후들인가?

☞ 신뢰 삼각형을 보자. 어떤 요소에 문제가 있는가?

☞ 이 문제를 해결하기 위해 리더로서 무엇을 할 수 있겠는가?

12장
/ 올바른 의사소통 툴 선정 /

원칙 12. 어떤 결과가 나와야 하는가를 먼저 파악한 후에 소통 방법을 선정한다.

인간 활동을 찾아서 그 유형을 결정하고 통제하는 것이 미디어이기
때문에 미디어는 메시지라고 할 수 있다.

— 마샬 맥루언 Marshall McLuhan, 캐나다 대학 교수, 미디어 비평가

모두 같은 사무실에서 근무할 때를 아쉬워하는 팀장이 있었다. 그 때는
직접 만나 대화도 하고, 회의도 하고, 이메일도 주고 받았다. 지금은 원격
근무를 하는 직원들이 있기 때문에, 팀장이 습득해야 할 의사소통 툴들은
어떤 것을 사용해야 좋을지 모를 정도로 많다.

문제는 팀장이 사용법을 아직 모르는 툴도 있고, 알고는 있지만 잘 사용
하지 않는 것도 있고, 또 어떤 툴들은 단지 사용하고 싶지 않은 것도 있다.
팀장은 원격 근무 직원들을 만나기가 어렵기 때문에, 문제가 있다는 것을
알면서도 주로 이메일을 사용하고 있다.

이 책에서는 줄곧 원격 리더십은 소통 툴을 제외하면, 대부분 일반 리더십
과 같다고 말해 왔다. 소통 툴은 큰 문을 열고 닫는 작은 경첩과 같은 역할을
한다.

원격 리더는 대부분 소통 툴과 관련되어 있다. 오래 동안 직장 생활을 했다면, 이미 두세 세대에 걸친 툴들의 변천사를 겪었을 것이다. 새로운 소통 툴이 여러 가지 문제를 해결할 수는 있지만, 어떤 것도 모든 문제를 해결하지는 못한다. 그리고 현재의 툴들을 능숙하게 다룰 수 있다고 해도, 기술은 지속적으로 발전한다.

아래 세 가지는 확실하다:

- 커뮤니케이션 기술은 빠르게 변한다.

- 최고 의사결정자가 아니라면, 사용할 툴을 당신 단독으로 결정할 수는 없을 것이다.

- 직원들과 소통할 수 있는 최선의 방법을 분명히 제시할 사람은 아무도 없다(당신이 모른다면, 직원들 역시 잘 모를 수 있다).

- 적절한 소통 툴을 선택하는 것은 단순히 정보를 전달하는 것 이상의 영향을 미친다. 올바른 툴 선택은, 메시지를 어떻게 전달할 것이며, 또 그 메시지에 대한 피드백을 어떻게 효과적으로 받을 수 있을지를 고려해서 결정해야 된다. "나도 직원들을 보고, 직원들에게도 나를 보여준다"는 관점에서, 업무에 적합한 툴을 선택하는 것이 중요하다.

사용 가능한 툴과 그 툴의 사용법 또한 우리가 신뢰를 쌓아가는 데 영향을 미친다. 만약 직원들이 여러 시간대에 흩어져 근무하지만, 그들이 서로 소통할 수 있는 방법이 동기식 툴 밖에 없다면, 인도에서 근무하는 직원들이 자신들의 역량과 열정을 어떻게 로스앤젤레스에서 근무하는 동료들에게 보여줄 수 있겠는가? 인도에 있는 직원들이 업무를 할 때, 로스앤젤레스에 있는 직원들은 잠자리에 있을 것이다.

이 경우에 쉐어포인트(SharePoint)를 사용하여 중요한 질문을 하고, 편리한 시간에 온라인에서 답변을 할 수 있도록 하면, 편안하게 의사소통을 할 수 있을 것이다. 미팅을 하는 것보다 더 효과적일 수도 있다. 이번 12장에서는 리더가 적합한 소통 툴을 선택할 수 있는 판단력을 갖는데 도움이 될 수 있도록 할 것이다. 리더가 어떤 툴을 언제, 어떻게 사용할지 잘 판단하도록 돕기 위해 먼저 우리가 많이 사용하는 간단한 툴 사용부터 시작하겠다.

스위스/독일 연구원 베티나 부첼(Bettina Buchel)은 우리가 본 어떤 이론보다 이 개념을 잘 설명한다고 생각되는 매트릭스를 2001년에 만들었다(그림 11).[1] 의사소통이 효과적으로 이루어지기 위해서는 소통의 깊이(richness)와 범위(scope) 사이의 균형이 필요하다. 이 모델이 원격 리더에게 어떻게 적용되는지 살펴보자.

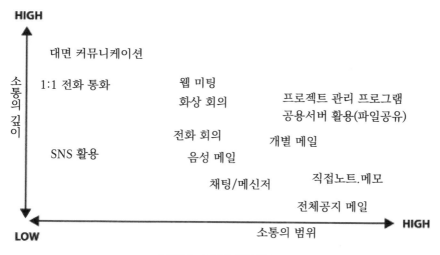

그림11. 소통의 매트릭스

소통의 깊이

진정한 의사소통은, 메시지가 어떻게 전달되든 간에, 단순히 메시지의 내용을 이해하는 것 이상이다. 우리는 다양한 방법으로 의사소통을 한다. 우리의 어조, 얼굴 표정, 바디 랭귀지, 그리고 단어 선정 등은 간단해 보이는 메시지를 해석하는 데 도움을 준다.

어떤 직원이 "좋아요"라고 말을 했을 때, 정말 그는 좋다고 생각한 것일까? 말을 하면서 리더 눈을 똑바로 쳐다보지 못한다든가, 말하는 방식 등은 어쩌면 실제 그가 긍정적으로 보고 있지 않다는 것의 단서 일지도 모른다. 만약 리더가 옆에 있어서 그 단서들을 볼 수 있다면, 리더는 그가 정말로 괜찮은지, 혹은 좀더 파악을 해 봐야 할지 판단할 수 있을 것이다.

부셸의 모델에서는, 깊이 있는 의사소통의 가장 좋은 예는 커피를 놓고 1:1 대화를 하는 것이다. 리더와 직원이 물리적으로 가까이 있고, 서로 보고 들을 수 있고, 상대방의 메시지를 해석하는 데 필요한 비언어적, 시각적 신호를 모두 얻을 수 있다. 그리고 리더가 보내는 신호도 직원에게 확실히 전달되도록 할 수 있다.

문제는 이런 완벽한 상황이 원격 리더에게는 만들어지지 않는다는 것이다. 거리 문제로 인한 어려움 외에도, 시간 및 참가 인원 또한 이것을 어렵게 만든다. 예를 들어, 대면 미팅에서도 인원이 많으면, 사람들은 말을 하지 않거나 질문을 하지 않을 수 있다. 인원 수가 많을 경우에는 일방통행 식의 의사소통이 되는 경우가 많다. 텔레컨퍼런스나 웹 미팅에 참여했던 경험이 있다면, "질문 있습니까?"는 말에 아무 반응이 없었던 경험이 있을 것이다.

"소통의 깊이"는 시간과 공간에 의해 영향을 받는다. 회의 후 하루 정도 지난 다음, 참여했던 두 사람에게 회의 때 어떤 이야기가 있었느냐고 물으면, 아주 다른 답변을 할 가능성이 높다. 우리가 누군가와 의사소통을 할 때마다 얼굴을 마주 보는 것은 쉬운 일이 아니다. 사실 직원들이 여러 장소에서 근무하는 상황은 물리학의 법칙을 거스르는 것이지 경제학 상의 문제는 없다! 그러므로 우리가 차를 타고 직접 가는 대신에 전화를 하거나 이메일을 보낼 때, 또는 비행기를 타는 대신 화상 회의를 할 때마다, 우리는 "소통의 범위"를 얻는 대신 "소통의 깊이"는 희생하고 있는 것이다.

소통의 범위

시간과 거리를 고려해야 하는 경우에는 소통의 범위가 중요시 된다. e-메일은 소통 범위의 완벽한 예다. 수천 명의 사람들이 같은 메시지를 동시에 받을 수 있다. 수신자의 반응을 볼 수도 없고, 고뇌에 찬 투덜거림이나 기쁨의 함성을 들을 수도 없고, 그들의 질문에 실시간으로 대답할 수도 없다. 보내는 사람의 의도를 이해했는지, 그것을 수용했는지도 모른다. 그리고 솔직히 말해, 메일을 읽었는지도 모른다.

그렇다고 소통의 깊이가 소통의 범위보다 우위에 있다는 뜻은 아니다. 과거 의사소통을 참고하고, 수신자와 장소를 고려하여 정보를 일관성 있게 만드는 능력이 중요하다. 그리고 만약 작성해서 보내는 데 30초 걸린 메시지에 대해 사과하는 데 3일을 소비했던 경험이 있다면, 소통의 범위가 갖는 한계와 제약을 이해할 것이다.

올바른 조합 모색

그림 11의 매트릭스를 보면, 거의 모든 의사소통 방법이 깊이와 범위가 상충되고 있다는 것을 알 수 있을 것이다. 깊이 있는 1:1 대화를 하려면, 시간과 효율성을 희생시켜야 할지 모른다. 이메일을 급히 보내면 시간을 절약할 수는 있지만, 잘못 해석될 위험이 있거나, 또는 보낸 이메일 내용에 대해 질문을 가진 사람들이 있을 수도 있다.

원격 리더는 역할 수행에 너무 바쁘기 때문에 어떤 툴을 사용할 것이며, 또 그것이 얼마나 효과적인지에 대해 고민하지 않는다. 4장에서 살펴봤던 원격 리더십 모델을 기억하는가? 원격 리더로서 자신의 메시지 및 의사소통 목표를 생각한 다음, 그것에 적합한 툴을 선택해야 한다.

웹 미팅이 좋은 예다. 일상적인 의사소통 툴로 Skype를 사용하고 있다고 가정해 보자. 그림 11에서 웹 미팅은 중간 위치에 있다. 소통의 깊이가 있고, 범위도 넓은 편이다. 사실 어떻게 쓰느냐에 따라 꽤 깊이 있게 소통할 수 있다(예: 1:1 화상 통화, 원격 코칭 및 교육). 또 꽤 넓은 범위(두려우면서도 종종 유용한 "전체 미팅")를 가질 수도 있다. 그러나 툴을 어떻게 사용하느냐에 따라 깊이와 범위 중 하나를 희생하게 된다.

만약 브레인스토밍을 효과적으로 할 필요가 있다면, 웹캠을 사용하는 소규모 그룹들이 온라인 화이트보드에서 전체가 함께 참여할 수도 있다. 이후에 활용하기 위해, 혹은 불참한 사람들을 위해 미팅을 기록할 수도 있다. 그렇게 하면, 대단히 깊이 있는 의사소통이 될 수 있다.

반면 웹캠을 사용하지 않고 온라인에 백여 명이 접속하는 경우에 메시지를 폭넓게 보낼 수는 있지만, 사람들을 참여시키고, 정보를 얻거나, 질문에 실시간으로 응답하거나, 참가자들의 반응을 측정할 수 있는 실질적인 기회는 거의 없을 것이다.

이 말은 그 방법이 잘못 되었다는 것이 아니다; 그것은 간단한 메시지를 전달하는 가장 좋은 방법일 수 있다. 중요한 것은 무엇을, 누구에게, 그리고 얼마나 "깊이 있게" 전달할 것인지를 생각해야 한다는 것이다.

리더들은 좋은 이유로든, 나쁜 이유로든, 특정한 한 가지 툴을 선택한다. 출장을 가서 시간대가 바뀌는 경우라면, 상황에 따라 이메일과 문자 메시지에 의존하는 것도 납득이 된다. 그러나 메시지가 민감하거나, 복잡하거나, 잘못 해석되기 쉬운 것이라면, 편리성을 위해 효과를 희생하겠는가? 마찬가지로, 전화로 직원 코칭을 하고 있다면, 그것이 유일한 방법이기 때문인가? 아니면 어느 한쪽 혹은 양쪽 모두가 웹캠을 꺼리기 때문인가? (표정과 바디 랭귀지를 보는 것이 서로에게 큰 도움이 되겠지만)

원격 리더들은 역할 수행에서 이 중요한 과제를 피할 수 없다. 활용 가능한 소통 툴들을 이해하고, 각각의 장단점을 파악한 후에 그것을 최대한 활용해야 할것이다.

성찰과 실천

그림 11을 보고, 아래 질문을 자신에게 해보라:

☞ 원격 근무 직원들과의 소통을 위해 사용하는 툴은 어떤 것이 있는가?

☞ 어떤 소통 툴을 주로 사용하는가?

☞ 어떤 툴을 잘 사용하지 않는가?

☞ 효과적이지만, 가지고 있지 않은 툴은 무엇인가?

☞ 사용 방법을 몰라서 활용하지 않는 툴은 무엇인가?

☞ 지금 사용하지 않는 툴을 사용한다면, 의사소통 및 신뢰구축에 어떤 영향을 줄 것 같은가?

☞ 사용하지 않는 툴에 대해서 앞으로 어떻게 할 것인가?

13장
/ 의사소통 툴 사용에 관한 팁 /

원칙 13. 소통 툴 활용도를 최대로 높이지 않으면, 업무 효과는 최소화된다.

놀랍게 발전된 테크놀로지는 마법과 구별되지 않는다.

— 아서 C. 클라크 Arthur C. Clarke, 미래학자 및 공상과학 소설가

요즘 얼마나 많은 의사소통과 협업 툴이 있는지, 또 얼마나 편리하게 사용할 수 있는지, 그 중에서 자기는 몇 가지 툴을 사용하고 있는지를 깨닫고는 깜짝 놀란 팀장이 있다. 그는 음성 메시지와 이메일을 주로 사용했던 시절을 기억한다. 회사에서 재택근무를 도입함에 따라 팀에서 직면하고 있는 도전을 볼 때, 그는 이 새로운 툴들 중 몇 가지를 사용함으로써 문제를 해결할 수 있겠다는 확신은 들지만, 어떻게 시작해야 할지, 어떤 툴을, 어떻게 사용해야 바쁜 시간에 더 많은 효과를 얻을지 알 수가 없다. 그가 이 혼란에서 벗어날 때까지는 그의 좌절감은 더 커지고, 팀 성과에 나쁜 영향을 줄 것이다.

많은 리더들이 커뮤니케이션 툴과 불편한 관계에 있다. 우리가 이미 지적했듯이, 이것은 원격 리더의 도전 과제이다. 왜냐하면 너무 많은 것들이 디지털 통신에 의해 이루어지기 때문이다. 이미 지적한 바와 같이, 초점을 "쉽게

사용할 수 있는 것"에 맞출 것이 아니라, "효과적인 것"에 맞춰야 한다. 리더는 목표 달성을 해야 하며, 소통 툴은 리더가 무시할 수 없는 대상이다.

이 중 일부는 낯설고, 불편할 수 있다는 것을 인정하라. 리더들, 특히 고위 리더들은 다음 세 가지 이유 때문에 소통 툴을 성공적으로 사용하는 데 애로를 겪는다:

- 수고를 감수하지 않는다. 그들은 과거에 이러한 툴들을 사용하지 않고도 매우 성공적으로 역할을 수행해 왔다. 그래서 툴의 중요성을 폄하하거나, 그것들을 익히는 노력을 거부한다.

- 자연스러워 보이지 않는다. 그들 대부분은 '디지털 세대'가 아니다. 그들은 대개 팀에 있는 다른 사람들보다 나이가 많고 기술적으로 서툴다.[1] 이것은 종종 자신을 무능하다고 느끼게 만들거나, 자신감이 떨어지게 만들 수 있다. 그러므로 활용할 수 있는 많은 툴들이 있지만, 사용을 회피한다.

- 계속 변화하고 있다. 기술의 변화가 너무 빠르고, 리더들이 너무 바빠서 최신 기기와 혁신에 대해 잘 파악하지 못하고 있는 것이 사실이다. 이는 효과적인 툴을 활용하여 의사소통과 조직 성과를 극대화하는 데 점점 더 뒤처지는 악순환을 초래할 수 있다.

이런 툴들을 사용하지 않는 것은 불가능하다는 점을 기억하자. 신뢰를 쌓고, 소통을 정확하게 하고, 회의를 생산적으로 해야 할 필요를 느꼈을 때, 리더는 활용 가능한 소통 툴을 사용해야 한다. 그렇게 하려면, 각 업무에 적합한 툴을 선택해서(소통의 깊이와 범위의 균형을 유지하며), 그것을 가능한 효과적으로 사용해야 한다. 그렇게 하지 않는 것은 마치 한 손을 등 뒤에 묶고서 힘든 일을 하려는 것과 같다.

자신에게 솔직 하라. 지금 사용하는 툴 중 하나 이상의 것에서 사용이 서툴 수도 있다. 두 개의 MIT/Sloane Cap Gemini 연구는 중요한 역설을 보여

준다.[2] 테크놀로지를 사용하고 있고, 또 그 사용에 능숙한 리더는 그렇지 않은 리더보다 다른 리더십 영역에서도 높은 평가를 받는다. 하지만 대다수의 리더들은 툴 사용이 불편하거나 자신감이 없다. 만약 자기 업무 수행에 어떤 테크놀로지가 필요하지만, 그것을 잘 활용하지 못하고 있다면, 현실과 동떨어진 생각을 갖고서 일을 하고 있는 셈이다.

희망적인 것은 리더가 팀에서 툴을 가장 잘 사용할 필요는 없다는 것이다.

목표를 달성하고, 또 신뢰를 유지하는데 필요한 툴만 잘 사용하면 된다. 이런 식으로 생각하라: 의사소통에 필요한 것이 무엇인지 알고, 그것에 맞는 최상의 툴을 선택하여 의사소통이 효과적으로 이루어지도록 한다.

이 장에서는 툴의 종류와 일반적 분류에 대해 개략적으로 살펴보기로 하겠다. 너무 세부적으로 들어가지 않는 이유 중 하나는 플랫폼에 대해 중립적이기 때문이다. 우리는 고객들의 성공을 돕기 위해 대부분의 소통 툴을 사용하고 있지만, 우리가 더 세부적으로 들어갈 수 없는 현실적 이유는 정보통신기술의 사이클 타임이 6개월 미만이기 때문이다.

이 책을 읽을 때쯤에는 특정 기능이나 브랜드 이름이 완전히 바뀌었을 수 있으니, 우리는 일반적 내용을 이야기할 수 밖에 없다. 리더가 알아야 할 것은 협업 플랫폼의 90%가 비슷한 기능을 가지고 있다는 것이다; 그것들은 단지 이름을 다르게 붙인 것이다. 중요한 예로서, 어떤 플랫폼을 사용하든, 화이트보드 기능을 가지고 있을 것이다. 그런 사실을 알고 있어야 한다. 그리고 그런 기능을 업무에 활용할 수 있다는 것과, 어떤 플랫폼을 사용하든, 그것을 적절하게 사용하는 방법을 배울 수 있다는 것을 인식하고 있어야 한다.

소통 툴을 살펴보기 전에, 그 장점을 가장 효과적으로 활용할 수 있도록 두 가지 의사소통 유형으로 구분해 보자.

- 비동기식 의사소통(Asynchronous communication)은 필요한 시점에 정보를 얻을 수 있게 해준다. 분산된 근무 장소에서는 주문형 정보의 중앙저

장소가 필요하다. 다양한 방법으로 정보를 저장하는 가상의 "파일룸"
은 매우 중요하다. 미팅 시간을 놓치거나, 다른 시간대의 지역에서 근
무하는 사람들도 필요 시 같은 방법으로 동일한 정보를 받을 수 있다.

- 동기식 의사소통(Synchronous communication)은 실시간으로 이루어진다.
  참가한 모두에게 동시에 일어난다. 태어나면서부터 사용한 방식이기
  때문에 가장 친숙하고 편안한 방법이다. 그러나 근무 장소가 분산되
  어 있는 오늘날은 모든 사람이 같은 시간에 함께 있기란 불가능하다.

이런 구별이 중요한 것은 다음과 같은 경우 때문이다. 리더들이 영상 회의
를 소집할 때를 생각해 보자. 모든 업무가 멈추어 버린다. 우선순위가 더 높
은 일도 보류된다. 회의는 업무에 도움이 되기보다 방해가 될 수 있다.

일을 수행하는 데 있어서 테크놀로지는 도움이 될 수도 있고, 방해가 될 수
도 있다. 올바른 툴을 올바른 방법으로 사용할 때, 투명성과 책임 소재가 명
확하게 되고, 시공간을 띄어넘어 역량을 발휘하게 된다.

매일 새로운 제품이 나오기 때문에 다음에 언급하는 리스트가 결코 완벽한
것이 아니다. IT 부서에서 제공한 특정 툴에 대해 우려하지 마라. 아마도, 현
재 가지고 있는 툴로도 잘 할 수 있을 것이다. 가지고 있는 것을 잘 사용하
면, 큰 문제 없을 것이다. 이 목록에서 혹시 가지고 있지 않은 것이 있는 경
우에는 이 장을 IT 부서와 공유하는 것도 바람직하다.

비동기식 의사소통 툴

직장에서의 의사소통이라면, 우리는 으레 두 명 이상의 사람들이 동시에
서로에게 '말하는 것'을 생각한다. 그러나 연중무휴로 하루 24시간 일하는
글로벌 직장에서, 거리 및 시간대가 서로 다른 지역에서는 각자 스케줄도 다

를 수 밖에 없으므로, 우리는 모든 당사자들이 동시에 참석할 필요가 없는 소통 툴에 더 의존하게 된다. 예를 들면 다음과 같다.

비디오와 음성 녹음

리더는 직원들의 모습을 직접 보고, 또 자신의 모습도 보여 줄 필요가 있다. 흔히 비동기식 툴을 텍스트 기반(문자 메시지, 이메일)으로 생각하지만, 일상적인 메시지를 전달할 때에도 소통의 깊이를 더 할 수 있다. 비디오는 의사소통에 시각적 요소를 추가해 준다. 음성 메시지로 보내는 것 보다는, '녹화'를 해서 영상을 활용하는 것이 낫고, 어렵지도 않다. 많은 사람들 대상의 중요한 발표를 위해 고해상도의 잘 제작된 비디오를 활용하는 것도 멋진 일이지만, 스마트 폰과 페이스북, 스냅챗, 기타 다른 프로그램들의 광범위한 사용으로, 가끔 얼굴을 보여주는 것을 마다할 이유가 없다. 신뢰를 쌓아가는 데는 일상적인 사소한 상호작용이 큰 이벤트 못지 않게 중요하다.

녹화를 자기 네트워크에 저장할 수도 있지만, 비디오를 저장할 수 있는 안전한 장소를 제공하는 서비스를 이용하거나, 아니면 IT 부서에 자기 직원들만 액세스할 수 있는 장소를 설정해 달라고 부탁할 수도 있다.

만약 비디오에 자신이 나오는 것을 좋아하지 않거나 웹캠을 사용하는 것에 움츠러든다면, 그 마음을 극복하라. 직원들의 툴 사용을 결정하는 가장 중요한 요소는 리더가 사용하는가이다. 리더가 웹캠을 정기적으로 사용하지 않는다면, 웹캠의 중요성을 아무리 강조해도 직원들은 사용하지 않을 것이다.

공유 파일 저장소

팀에서 만든 모든 문서가 저장되어 있고, 그 문서들을 찾기 위해 장시간 뒤지지 않아도 되며, 가장 최근 버전을 식별하는 것이 링크를 클릭하는 것만큼 간단한 파일 룸을 상상해 보자. 셰어포인트(SharePoint), 구글 독스(Google

Docs), 베이스캠프(Basecamp) 등에는 영구적이고, 쉽게 접근해서 검색할 수 있는 정보 저장장치가 있다.

직원들이 리더의 모든 의사소통(뉴스 레터, 이메일, 기타 서면 및 녹음 자료)에 접근할 수 있다면, 리더는 투명성을 확보하기 쉽다. 대부분의 직원들이 이러한 툴을 사용해서 정보를 얻지 않는다고 할지라도, 리더가 직원들에게 정보를 볼 수 있는 통로를 열어주었다는 사실만으로도 그들과의 신뢰를 구축하고, 또 자신의 임무에 대한 책임을 다하려는 노력에 큰 발걸음을 뗀 셈이다.

이메일

그렇다, 이메일은 비동기식 툴이다(이 방법으로 사용되지 않는 경우가 너무 많지만). 만약 리더가 이메일을 보낸 다음, 즉각적인 회신을 기다리고 앉아 있다면, 그것을 잘못 사용하고 있는 것이다. 리더는 지금 직원들을 불편하게 만들고 있고, 생산성을 떨어뜨리고 있다. 리더가 이메일을 보낼 때는 직원들이 어떤 생각을 하게 될지 짐작해 봐야 한다. 그들이 하던 일을 멈추고, 즉시 회신하길 원하는가? 완료 시간을 맞추거나 다른 직원과의 약속을 지키는 것보다 이메일 회신이 더 중요한가? 즉각적인 회신이 필요한 경우 전화, 메신저 또는 문자 메시지와 같은 동기식 툴을 사용하는 것이 좋다.

이메일은 다음과 같은 경우에 가장 적합하다.

- 많은 사람들에게 보낼 경우. 같은 메시지를 봐야 할 사람들이 많다(같은 방식으로 전달됨).

- 기록 보관이 필요할 경우. 이메일은 의사 전달을 영구적으로 기록해 두는 데 아주 좋다. 아무 변호사에게나 문의해 보라. 만약 영구적으로 기록되는 것을 원치 않는다면, 이메일을 사용하지 마라. 이메일은 법적 근거가 된다.

- 메시지 구성이 완전한 경우. "머리, 가슴, 손" 기법을 사용하도록 노력하라. 공유하고 싶은 정보(논리에 호소), 그들에게 미칠 영향(공감 및 이해를 보여주며)을 알리고, 새로운 정보의 결과로서 그들이 무엇을 하기를 원하는지(행동 절차와 스케쥴)를 명확하게 하자. 이렇게 하면 읽는 사람들은 사실을 알게 될 것이고, 당신은 감정적으로도 그들과 더 잘 연결될 것이다(이것은 참여도를 높이고, 질문과 피드백을 장려한다). 그리고 "나는 지금 무엇을 해야 할까?"라는 중요한 질문에 답을 얻게 될 것이다.

동기식 의사소통 툴

직원들과 실시간 의사소통이 필요할 때에도, 그들은 종종 같은 장소에 없다. 그런 경우 동기식 툴이 활용된다.

웹캠 및 화상 채팅

우리는 여기서 녹화된 메시지에 대해 말하는 것이 아니다(대부분의 비디오 대화는 쉽게 녹화되고 저장될 수 있지만). 일상적 의사소통에서 웹캠과 비디오의 기능이 정말 과소평가 되고 있다. 그것은 궁극적으로 비대면 1:1 대화, '상대를 보고 또 나를 보여주며' 하는 대화를 위한 툴이다. 웹캠을 정기적으로 사용하면, 리더와 직원 모두에게 많은 도움이 된다.

많은 사람들은 웹캠이 메시지를 "전달"하는데 가장 활용도가 높다고 생각하는데, 그 용도로도 좋지만, 아마도 1:1인 상황에서 더 유용할 것이다. 사용하는 툴에 상관없이, 웹캠은 팀 전체보다는 1:1로 사용하는 것이 더 편하다. 그리고 '깊이 있는' 의사소통의 가치를 생각해 보면, 바디 랭귀지와 목소리 톤, 그리고 눈맞춤이 가장 절실히 필요한 경우가 바로 그런 1:1 대화에서가 아닐까?

직원들에게는 이런 기회가 리더와 효과적으로 소통할 수 있는 때이다. 기억하라, 그들은 가능한 한 리더와 깊이 있게 보고, 그리고 듣고 싶어하며, 또 자신의 생각, 염려, 정보를 역시 효과적인 방법으로 리더에게 전달하기를 원한다. 누군가의 반응을 전화로 듣는 것은 그들이 말하면서 얼굴에 신나는 표정이나 절망적인 기색을 띠는 것을 보는 것과는 다르다. 이것은 또한 리더를 이메일이나 녹화된 영상 속의 접근할 수 없는 캐릭터로 만나는 것이 아니라, 실제 사람으로서 볼 수 있게 해준다. 그리고 만약 그들이 집에서 편안한 티셔츠를 입고 있는 리더를 보거나, 공항에서도 일하는 모습을 본다면, 그렇게 손해 될 것은 없다. 리더도 결국 인간이니까.

대화하고 있는 직원들을 리더가 눈으로 보는 것은 3가지 측면에서 유익하다:

- **의사소통의 향상.** 리더는 정보를 얻거나 공유하며, 이후의 계획을 명확히 하기 위해 의사소통을 한다. 리더가 자기 의견을 정확히 전달했으며, 또 리더가 원하거나 기대한 반응을 얻었다는 것을 당장 아는 것은 매우 중요하다. 시각적인 단서들이 없다면, 리더는 명령처럼 들리는 제안을 할 수도 있고, 리더가 질문하고, 계획을 수정하고, 심지어 계획을 취소하는 데 필요한 직원들의 피드백을 받지 못할 수도 있다.

- **고립감 감소.** 리더는 고립감을 느낄 뿐만이 아니라, 가상 세계에서는 실제로 고립되어 있다. 다른 사람과 돈독하게 연결될수록 유대감은 강해지고 고립감은 줄어든다. 리더가 느끼는 고립감은 직원들 역시 느끼게 된다.

- **신뢰 구축.** 깊이 있는 의사소통이 이루어질수록 직원과의 신뢰 구축이 쉬워진다. 반대로 시각적인 단서가 없는 경우, 신뢰의 진전이 늦거나 더 쉽게 무너질 수 있다.

웹캠을 사용하는 것은 어려운 일이 아니다. 리더가 어떤 기기를 사용하고 있든, 버튼 하나만 누르면 되는 경우도 많다. 영상 통화나 페이스북 라이브(Facebook Live)처럼 간단할 수도 있고, MS 팀즈, 줌(Zoom), 스카이프(Skype)와 같이 업무 화상 플랫폼의 일부일 수도 있다. 현재 가지고 있는 툴을 사용하되, 반드시 활용하자.

웹캠 사용에 대한 저항을 극복하는 한 가지 좋은 방법은 새로운 습관을 만들라는 것이다. 가능한 경우, "전화로 할까요? 웹캠으로 할까요?"라는 질문을 사용하여 미팅 일정을 잡는다. 그냥 선택할 수 있게 하는 것이다. 많은 직원들이 리더와 연결되길 원할 것이다. 또 리더가 테크놀로지에 익숙한 모습을 보여주게 되므로(진실일 수도 있고, 아닐 수도 있지만) 리더의 신뢰성과 투명성이 높아지게 될 것이다.

몇 년 전에 우리 회사에서 있었던 사례이다. 케빈은 웹캠을 사용하면 대화의 가치를 더 높일 수 있다고 생각하고, 모든 직원들이 웹캠을 갖도록 했다. 당연히 약간의 저항이 있었기 때문에, 그는 모든 대화를 영상으로 하라는 주장을 철회하는 대신, 직원들이 카메라를 사용할 것인지의 여부와 언제 사용할 것인지를 스스로 결정하도록 했다. 사용하는 사람도 있었고, 사용하지 않는 사람도 있었다. 하지만 비디오가 토론에 도움이 될 것이라고 특별히 느껴지는 때가 있으면, 예를 들어, 대화가 결정적으로 중요한 경우, 또 주제가 복잡하거나 중요할 때, 그는 직원들에게 카메라를 사용해 달라고 요청했다. 그런대로 잘 대처하지 않았는가?

이 같은 조치로 의도치 않은 부작용이 발생했는데, 케빈이 웹캠으로 직원들과 대화하기를 원하는 경우엔, 그들은 자신들이 어떤 곤경에 처했거나 나쁜 소식이 전해질 것이라는 우려를 하기 시작했다는 점이다. 결국, 그들에게 사용을 결정하게 하면서도 케빈이 그에 대한 최종 결정권을 갖는다면, 웹캠을 사용하라는 요구 자체가 좋은 소식이 아닐 것이다. 약간의 시행착오를 거친 후, 우리의 방침은 웹캠을 일상적인 의사소통이나 중요한 의사소통 모두 사용하는 것으로 조정되었다. 자주 사용하는 사람도 있고, 적게 사용하는 사람도 있지만, 이제는 더 이상 큰 문제가 되지 않는다(적어도 케빈은 문제가 되는 것을 바라지 않는다).

문자 메시지(SMS)

문자 메시지와 인스턴트 메시지(IM)는 동기식 텍스트 기반 툴로 종종 같이 분류되지만, 그것들은 서로 다른 방법으로 사용될 수 있고, 사용되어야 하는 별도의 툴이다.

문자 메시지는 직원들이 갖고 다니는 휴대폰을 활용하기 때문에 유용하다. 따라서 대규모 인원에게 보낼 때(기본적으로 대규모로 보내거나 빨리 보낼 경우) 효과적이다.

물론, 문자메시지는 일반적으로 다른 기기에서는 작동하지 않고, 휴대폰에서만 작동한다. 이것은 메시지를 받고, 그에 대한 소통을 하기 위해서는 휴대폰을 갖고 있어야 한다는 것을 의미한다.

문자 메시지는 급하게 읽는 경우가 많아 오역이 자주 발생한다. 버라이즌에 따르면, 85%의 사람들이 화장실에서 문자 메시지에 회신한다는 것이다.[3] 우리 연구에 따르면, 그 나머지 15퍼센트도 완전히 신뢰할 수 있는 것은 아니다. 그러므로 이것이 주목을 확 끄는 메시지를 빨리 전달하는 데는 좋은 방법이지만, 메시지가 세부사항이나 애매한 내용일 때는 그렇게 유용한 방법이 아니다.

문자 메시지에 대한 다음 사항을 기억하자.

- 문자 메시지는 업무에 도움이 될 수 있다. 일상적으로 이것에 의해 팀의 기능이 많은 부분 활성화되고 있다.

- 리더는 직위가 부여하는 힘을 가지고 있다. 그러므로 문자화된 리더의 요청은 리더가 의도하든 아니든, 명령처럼 느껴지게 된다. 따라서 적절한 어조와 에티켓이 필요하다.

- 문자 메시지는 시간에 민감할 때 가장 효과적으로 활용된다. 대부분의 사람들은 이제 파블로프의 개처럼 문자 메시지에 즉시 반응하도록 훈련되었다. 만약 리더가 직원들의 개인적인 시간을 존중하고, 그들이 특정한 시간에만 메시지를 확인할 것으로 생각한다면, 문자 메시지를 보내지 마라. 그들은 하던 일을 멈추고, 당장 확인할 것이다. 그들에게 가치가 있는 메시지가 되도록 해야 한다. 만약 그들이 그렇게 가치 있는 내용으로 여기지 않으면, 세세하게 관리하는 사람이거나 지시, 통제하는 리더로 비칠 것이다

만약 재택근무를 하고 있는 직원한테 리더가 "잠깐 시간 있어요?"라고 문자 메시지를 보낸다면, 대부분의 직원들은 상사이기 때문에 사실이든 아니든 "그렇다"고 대답할 것이다. 정보를 얻기 위한 상사의 정당한 요청이라고 여겨질 때, 직원들은 거절할 선택권이 없다고 느낀다(리더는 실제로 시간이 있는지를 알고 싶었고, 우선순위가 높은 업무를 방해하고 싶지 않았는데도). 만약 "얘기할 시간이 있어요?"라고 리더가 묻는다면, 직원들에게는 그것이 시간을 내라는 요구로 들린다. "잠깐 시간 있어요?" 대신에 "미팅이 있는데 알고 가야 할 것이 있어요. 지금 얘기할 시간이 있어요? 아니면, 언제 이야기하면 좋을까요?"라고 하면 어떨까? 조금 길긴 하지만, 무언의 요구 대신 궁금증을 유발하는 질문을 함으로써 훨씬 더 명확하게 의사 전달을 한 것이다.

인스턴트 메시지(IM)

인스턴트 메시지는 더 폭넓은 의사소통 패키지의 일부인 경향이 있고, 플랫폼을 사용하도록 설계되었다. 예를 들어, 문자 메시지는 휴대폰에서만 보낼 수 있지만, 슬랙(Slack)은 모든 기기에서 사용할 수 있다.

문자 메시지로 상대의 주의를 끌기 쉽고, 간단한 질문에 간단한 대답이 가능하지만, 인스턴트 메시지에는 다음과 같은 몇 가지 장점이 있다:

- **실제 키보드가 있다.** 젊은 층은 휴대폰에서도 문자 메시지를 빨리 작성할 수 있지만, 리더는 실제 키보드를 사용하여 좀 더 정확하게 작성하기를 원할 것이다.

- **리더는 멀티태스킹에 익숙하지 않을 것이다.** 문자 메시지는 달리기를 하면서도 할 수 있는 반면, 지속되는 IM 대화는 집중력을 필요로 한다.

- **꺼 둘 수 있다.** 메시지가 긴급하지 않을 때, IM을 사용하는 것이 (그것을 꺼 둘 수 있기 때문에) 문자 메시지보다 낫다. 일반적으로 사람들은 IM을 업무와 연관된 툴로 여기며, 앱을 닫기와 메시지 수신이 쉽다.

- **업무와 더 통합되어 있다.** 인스턴트 메시지 플랫폼을 사용하면 파일, 이메일, 기타 정보 전달 방법에 더 쉽게 접근할 수 있다. 텍스트 문서를 링크할 수 있지만, 첨부파일을 컴퓨터 화면에서 복사해 붙이는 것이 더 쉽다.

일반적으로 말하면, IM은 다른 정보의 참조가 필요한 대화를 동기식으로 할 때 적절하다.

전화와 원격 회의

비록 전화가 비즈니스 세계에서 리더와 "함께 성장해 온" 툴일지라도, 그것이 항상 가장 효과적인 의사소통 방법은 아니다. 휴대폰은 휴대할 수 있고, 통화는 빠르고, 리더는 매우 깊이 있는 언어적, 음성적 단서를 얻을 수 있다. 게다가, 이제 거의 모든 사람들은 항상 전화기와 붙어 있다.

전화기를 사용하는 것에도 단점이 있다. 때때로 사람들은 말을 잘 알아 듣지 못하거나, 통화하기 곤란한 장소에서 전화를 받고 있거나, 통화하면서 여러 가지 일을 동시에 하고 있다. 항공기 안에 있는데 기내 방송 중이거나, 바리스타가 라떼가 준비되었다고 알려 주길 기다리는 동안은 집중력이 떨어질 수 밖에 없다.

전화 회의는 사람들의 공평한 참여를 기대하기 어렵거나, 참여를 전혀 기대할 수 없는 것으로 악명 높다. 누군가는 항상 과도하게 말이 많으며, 또 그 직원이 반드시 리더가 의견을 듣고 싶어하는 사람도 아니다. 반대로 직원들이 숨어서 전혀 참여하지 않기도 쉽다. 이런 문제점은 리더가 직원들의 참여를 적극적으로 유도할 때에만 극복될 수 있다.

우리가 전화나 전화 회의를 옵션 목록에서 제외시키고 싶지는 않지만, 특히 빠르게, 적절한 사람들과 연결되기 위해서라면, 더 깊이 있고도 적절한 방법들이 있을 것이다. 다음과 같은 툴 말이다.

웹 미팅

이 툴은 전화 회의와 1:1 통화의 매우 좋은 대안으로 떠올랐으나, 주의사항이 하나 있다: 즉, 효과적으로 활용되어야 한다는 것인데, 지금까지는 항상 제대로 활용되고 있지는 못했다. 사람들은 활용 가능한 기능의 20%만 사용한다는 통념을 인정한다면, 우리가 이 툴을 제대로 활용하지 못하고 있다는 것을 짐작할 수 있다.

이 책을 쓰고 있는 현재, 시장에는 100개가 넘는 웹 미팅 툴들이 있다. 우리는 그 모든 것에 전문가도 아니고, 당신도 그럴 필요가 없다. 그 툴 대부분이 주요 기능들을 공통적으로 가지고 있는데, 리더는 단지 어떤 기능들이 있는지, 그리고 그 기능들이 미팅에 어떻게 도움을 줄 수 있는가를 알면 된다.

그 기능들은:

- 웹캠
- 중요 정보를 캡처하고, 브레인스토밍과 협업을 강화하는 화이트보드

- 의견을 제시하고, 그 의견이 사람들에게 전달될 수 있도록 하는 채팅
- 투표 또는 조사
- 실시간 정보 공유를 위한 파일 전송 및 저장

이러한 기능에 대해 잘 모를 경우, 조직 또는 팀 내에서 이러한 기능을 잘 사용하는 누군가에게 물어 보라. 만약 리더가 그것들을 일상 업무에 사용하려고 한다면, 그 사람을 멘토로 삼을 만한 가치가 있을 것이다.

이러한 기능들을 활용하여 가능한 한 깊이 있고, 협력하는 미팅이 되도록 하기 위해서는 이러한 기능들이 있다는 것을 아는 것이 중요하다. 그러나 모든 미팅을 리더가 직접 주관할 필요는 없다. 사실, 웹 미팅 준비를 위한 사소한 것에 신경 쓰다가 결국에는 침체된 분위기, 시간 관리 부실, 만족스럽지 못한 결과로 이어질 수도 있다.

회의 중에 그런 산만함이 영향을 미치는 과정을 설명하자면, 다음과 같다. 낯선 동네에서 운전하면서 주소를 찾고 있다고 상상해 보자. 엄청난 소나기가 쏟아지고 있다. 어떻게 하겠는가? 더 잘 볼 수 있도록 라디오 소리를 줄이지 않겠는가? 그건 자연스런 반응이다. 우리 뇌는 일정한 양만큼의 자극만 처리할 수 있으므로, 우리는 실제로 중요하지 않은 기능을 자동적으로 차단하려고 하는 것이다. 웹 미팅의 경우, 우리는 종종 압도당하는 느낌이 들지 않을 만큼, 가능한 한 최소 기능만 사용하게 된다. 그것이 모든 툴들이 가진 기능들을 풀 가동하여 최대 효과를 보지 못하게 되는 이유이다.

미팅이 어떤 모습으로 진행되어야 하는지를 알고 있고, 그렇게 만들기 위해 다양한 기능들을 활용할 줄 안다고 해도, 그 모든 기기 작동을 혼자 하는 것은 무리다. 대신 직원들에게 "역할"을 맡기자. 화이트보드에 있는 내용이 올바르게 쓰여졌는지, 모든 사람이 슬라이드를 볼 수 있는지 확인하는 것을 담당할 직원을 선정하도록 하자. 그렇게 하면 리더는 적극적으로 듣고, 토론

을 촉진시키고, 필요에 따라 직원 이름을 불러 질문하면서 그 미팅에 계속 집중할 수 있다.

리더는 사용 가능한 툴의 잠재력을 이해하고 투자를 하는 것이 중요하다. (조직 내의 누군가가 툴의 비용을 지불하고 있다.) 테크놀로지 자체의 달인이 될 필요는 없다. 팀 목표를 달성하는 것이 누가 기기의 버튼을 누르는지 보다 더 중요하다. 하지만 리더가 모범을 보이지 않는다면, 목표 달성은 어려울지도 모른다.

대면 만남

의사소통의 가장 알찬 형태는 직접 만나서 1:1로 대화하는 것이다. 컴퓨터로 연결하는 방법이 있다고 해서 시내를 운전하거나 비행기를 탈 필요가 없다는 것을 의미하지는 않는다. 다음과 같은 질문을 생각해 보자: 직원들을 꼭 만나야 할 상황은 어떤 것인가? 그 같은 노력과 비용을 투자할만한 가치가 얼마나 자주 있는가? 직원들을 직접 만남으로 인한 효과는 비용/편익 분석을 훨씬 초과할 수도 있다. 직원들이 멀리 떨어져 있다고 해서 절대 대면할 수 없는 것은 아니다. 그것이 가능하도록 예산과 자원을 확보하자.

어떻게 선정할 것인가

이 장에서는 리더가 사용할 툴을 선택하는 방법과 그 시기에 관련된 내용을 살펴 봤다. 우리는 여기서는 특히 직원들에 관련하여 주장하고 있다. 테크놀로지가 모든 직원에게 효과적으로 적용되기를 원한다면, 모든 직원이 그것의 사용에 대한 협의에 참여해야 한다. "우리는 이 툴을 사용할 것이다" 라고 선언하는 하향식 공표는 일반적으로 저항에 직면한다.

어떤 상황에서 어떤 툴을 사용할 것인지를 직원들과 협의하라. 그 대화를 통해, 직원들은 무엇이 그들에게 효과가 있는지 알게 될 것이고, 테크놀로지가 어떻게 그리고 언제 사용되는지에 대한 몇 가지 기본 규칙에 합의하거나, 그에 관해 예측하게 될 것이다. 리더는 직원들로부터 더 높은 수준의 참여와 동의를 받게 되고, 진행되는 동안 불평을 덜 듣게 될 것이다. 일부 결정은 리더가 바라지 않는 것이거나 불편하게 느껴지는 것일 수도 있지만, 그것은 리더 자신이 해결할 문제다.

성찰과 실천

☞ 어떤 툴이 자신에게 가장 편한가?

☞ 어떤 툴이 자신에게 가장 불편한가?

☞ 이 불편한 툴을 사용한다면, 그 툴은 자신의 의사소통 노력에 어떤 식으로 도움을 줄 수 있을까?

☞ 이 툴들을 더 잘 사용할 수 있도록 자신을 도와줄 멘토나 코치로는 누가 있는가?

◈ 4부 정리

지금 어떻게 하고 있는가?

- 직원들 몰입이 잘 되는 부분은?

- 직원들(특히 원격 근무하고 있는) 몰입 방법을 개선할 부분은?

앞으로 어떻게 할 것인가?

- 직원들을 효과적으로 몰입시키기 위해 어떤 조치를 할 것인가?

- 이 조치를 언제 시작할 것인가?

- 이 조치를 하는 데 어떤 도움이 필요한가?

- 이 조치를 어디서부터 시작할 것인가?

제 5부
원격 리더의 자기 관리

◈ 5부 소개

> 우리 자신의 삶을 이끌어가는 방식은
> 우리가 주위 사람들을 이끌어 가는 방식에도 영향을 미친다.

— 마이클 하이얏 Michael Hyatt, Thomas Nelson 전 CEO

우리는 지금까지 리더십의 3가지 초점 중 성과(outcomes, 어디로 가는가)와 직원들(others, 그곳에 가는 것을 돕는 사람들)에 대해 살펴 보았다. 이제 우리는 리더십의 핵심인 리더 자신(ourselves)에 대해 이야기할 것이다. 이것은 몇 가지 이유 때문에 말하기가 더 어렵다.

- 인간으로서 우리는 자기 자신을 잘 모른다.

- 우리는 자아(egos)를 가지고 있다. 어떤 사람들은 자신에 대해 과대 평가를 하고, 반대로 어떤 사람들은 낮은 자존감을 가지고 있다.

- 말하는 것 자체가 거북하다. 이런 주제를 다룰 필요가 있느냐고 반문한다면, 당연히 필요하다라고 대답하겠다.

서번트 리더십을 신뢰하는 사람이라면, 이 리더는 자신을 가장 마지막에 놓거나, 적어도 중요한 이해관계자들보다 뒤에 놓을 것이다. 우리가 보여준 바와 같이, 그리고 3O 모델이 설명하듯이, 우리는 이것이 리더가 할 수 있는 유일한 방법이라고 믿는다. 그러나 극단으로 가면, 직원들에게 초점을 맞춘다는 것이, 자신을 승화시켜서 자신의 정신적, 육체적, 사회적 행복을 돌보지 않는 정도까지 갈 수 있다. 휴가 일수가 쌓여 있거나, 해변에서 휴가를 보내는 동안에도 일을 하고 있는 자신을 보고, 배우자가 불평하고 있다면, 지금 무슨 말을 하고 있는지 이해할 것이다.

리더가 '지시와 통제' 타입이라면, 팀에서 무슨 일이 일어나고 있는지 항상 파악해야 하고, 또 그것이 자기 생각과 일치하는지 알고 싶을 것이다. 그렇게 못할 경우에는 답답해서 미칠 지경이 된다. 리더는 끊임없이 업무 상황을 파악하려고 노력하는데, 그것이 오히려 직원들이 일을 수행하는 데 방해가 된다. 세세한 것까지 다 파악하려고 하는 것은 자신을 지치게 하는 일이며, 세세하게 간섭하는 이런 리더와 함께 일하고 싶은 사람은 거의 없다. 이와 같은 방법은 리더를 함께 일하기에 매우 힘든 사람으로 만들어 버린다.

가장 나쁜 경우는, 서번트 리더가 되기 위해 무척 노력하면서 너무 통제를 하는 것으로 비칠까 두려워 하는 리더인데, 이러한 리더는 의사결정을 한 후에 후회를 하고, 일관성이 없고, 불분명하고, 우유부단하게 되기 쉽다.

현재 어떤 리더인지, 어떤 리더가 되기를 열망하는지에 상관없이, 만약 주인공인 자신에게 관심을 쏟지 않는다면, 리더는 원하는 성과에 집중할 수도, 자기 직원들과 좋은 관계를 유지할 수도 없다. 육체적으로 지치고, 정신적으로 고갈되고, 사회적으로 고립된 리더는 효과적일 수가 없다.

리더는 자기가 어떻게 하고 있는가를 솔직하게 돌아보고, 자신을 먼저 돌볼 필요가 있다. 우리 대부분이 오프라(Oprah)와 개인적으로 친밀한 사람들은 아니지만, 그녀의 핵심 교훈 하나에는 동조한다: 즉, 먼저 자신을 돌보지 않으면, 다른 사람들을 돌볼 수 없다는 것이다. 리더가 육체적, 정신적 스트레스로 힘이 빠져 있고, 직원들에게 어떤 영향을 미치고 있는지에 대한 인식이 부족해 지면, 리더와 직원들이 같은 장소에서 일을 하든, 떨어져서 일을 하든, 효과적인 리더가 될 수 없다.

원격 리더로서 이것이 리더 자신에게 중요하다는 것을 아직 확신하지 못하는 경우를 대비하여 우리의 주장을 좀더 추가하겠다…

리더들을 대상으로 우리가 했던 조사에서 그들 대부분이 원격 관리는 꽤 잘 수행하고 있다고 응답한 것을 발견했다. 어려움이 있는 경우는 다음과 같은 세 가지 영역이다:

- 의사소통을 한 후, 메시지가 잘 전달되고 이해되었는지 확인하는 것

- 업무 완료 일이 오기 전에 진척 상황을 파악하여, 스트레스를 낮추고 성공 확률이 높아지도록 하는 것

- 코칭 및 성과를 관리하는 것

이러한 우려는 리더 역할의 중요한 부분이다. 우리의 조사 결과에서 알 수 있듯이, 성과는 대체로 문제 없을지 모르지만, 많은 리더들은 직원들을 지원하는 방식에 대해서 걱정하고 있고, 또 자기가 하는 역할이 직원들에게 어떻게 인식되는지에 대해서는 잘 모르고 있었다. 게다가, 현재의 "대체로 문제 없음"에 누가 만족하겠는가?

14장
▌ 솔직한 피드백의 요청 ▌

원칙 14. 피드백을 요청하여, 성과. 직원. 리더 자신에게 도움이 되도록 한다.

피드백은 챔피언들의 아침식사다.

— 켄 블랜차드 Ken Blanchard, 경영 전문가이자 리더십 관련 저술가

효과적인 리더가 되고 싶은 팀장이 있었다. 그 팀장은 최신 리더십 스킬 습득을 위해 노력하며, 열심히 일했다. 그러나 이런 노력은 때때로 자신을 좌절시키고, 더욱 혼란스럽게 만들었다. 그는 자기가 일을 제대로 하고 있는지 알고 싶어했고, 종종 뒤늦은 후회를 하며, 자신을 탓하기도 했다. 하루 업무가 끝난 뒤, 자신이 리더 역할을 얼마나 효과적으로 했는지에 대해 명확한 그림을 그릴 수가 없었다. 이것은 불안감 이상의 감정을 느끼게 했다. 자신감 또한 떨어지고 있다.

원격 근무를 할 때, 리더는 일반적으로 리더로서의 역할 수행에 필요한 피드백을 즉시 받지 못한다. 리더로서 직원들로부터 솔직한 피드백을 받지 못하면, 사실을 잘못 이해하고 괜히 흥분하거나, 불편한 사실을 외면하기 쉽다. 이렇게 함으로써 작게는 직원들 눈에 바보가 되는 것에서부터, 크게는 리더 역할에서 실패하는 것까지 여러 가지 문제가 초래될 수 있다. 직원들 얼굴에서 겁에 질린 표정을 보았다면, 수정을 하거나 취소했을 요구를 몇 번씩 했던 경험이 있는가? 회의실이나 매장에서는 그 표정을 볼 수 있지만, 전

화나 이메일로는 볼 수가 없다. 좋은 의사결정을 하기 위해 직원들 의견 수렴 메커니즘은 무엇인가?

떠오르는 아이디어

꿈은 크게 꾸고, 작은 일에 진땀을 흘리는 것이 리더의 일이다. 우리 뇌는 항상 작동하고 있기 때문에, 우리는 한 시간에 수백 가지 생각을 하면서 살고 있다. 어떤 것들은 가치가 있고(*브랜드를 새로 바꿔야 하는가?*), 어떤 것들은 쓸모 없는 것들이다(*"덴버에 사무실을 열었다면, 어떻게 됐을까?"*). 그리고 궁금한 것이 많다(*"콧수염이 멋지지 않아?"*). 이러한 생각들을 분류하여 집중해서 생각할 것을 선정하려면, 피드백이 필요하다.

웨인은 한때 존경하는 상사와 일을 했었다. 그런데 그 상사가 출장에서 돌아올 때마다 그는 두려웠다. 상사의 대화가 "오는 비행기에서 이 기사를 읽었는데..."로 시작되었기 때문이다.

대륙 횡단 비행기 안에서, 상사는 자신의 생각을 사로잡는 무엇인가를 읽었을 것이다. 그 아이디어를 곰곰이 생각해 보면서 마음 속으로 여러 가지 가상 시나리오를 떠올려 보았을 것이다. 상사는 긍정적인 사람이기 때문에 가능성을 보기 시작했고, 심지어 아이디어 실행, 성과, 그리고 성공한 모습까지도 상상해 보았을 것이다. 상사가 사무실에 도착했을 때는 그 계획에 대한 열정으로 가득했고, 직원들에게 그것을 추진하라고 요구했었다.

문제는 그것이 항상 새로운 계획이었고, 그 중 일부는 훌륭한 계획이긴 했지만, 기존 계획이나 우선순위와 모순되거나, 상사가 생각하지 못한 부작용을 유발하게 되는 것이었다. "비행기에서 그만 읽으라!"는 말을 들을 가망이 없는 상사였기 때문에, 웨인이 나서서, "검토가 좀 더 필요합니다." 라고 제지를 해야만 했다. 그 아이디어들은 종종 중단되거나 적어도 감당할 수 있는 수준으로 축소되었다. 그것은 상사가 그와 같은 피드백에 열려 있는 합리적인 사람이기에 가능한 일이었다.

생각하는 것이나, 자신의 아이디어에 열광하는 것을 멈추라고 제안하는 것이 아니다. 리더가 직원들을 겁먹게 하거나, 소외시키거나, 혼란에 빠뜨릴 행동을 일방적으로 선언하기 전에 그 아이디어를 공유하고, 피드백을 받아야 한다는 것을 강조하려는 것이다.

올바른 소리 청취

물론, 긍정적이고, 행동 지향적이며, 아이디어를 떠오르게 하는 것만이 리더를 사로잡는 것은 아니다. 리더는 의욕을 상실시키거나 사람을 움직일 수 없게 만드는 부정적인 자기암시와 비관론에 사로잡힐 수도 있다. 자신의 생각에서 벗어나 다른 사람의 생각을 들을 때, 이 같은 부정적인 생각을 극복할 수 있다. 혼자 있는 시간이 많다면, 이런 상호작용을 하기가 쉽지 않다.

직원들이 원격 근무를 할 때, 그들과 대화하는 것은 항상 노력이 필요하다. 이 경우에 대화가 주로 업무적이고, 요점만 이야기하게 된다. 리더가 피드백을 요청하지 않는 것이나 직원들이 피드백하는 것을 꺼리는 것은 좋지 않은 현상인데, 원격 근무에서는 더욱 악화된다. 한 가지 덧붙이자면, 혼자 있는 것과 외로운 것은 다르다.

과학자들은 사람이 생각하면서 혼자 있는 것은 좋다고 말한다; 우리는 생각하고, 공상에 잠기고, 긴장을 풀고, 새로워지는 시간이 필요하다. 그러나 장기간의 고립은 우리의 행동, 기분, 그리고 건강에도 나쁜 영향을 미칠 수 있다. 심지어 우리 중 가장 내성적인 사람도 사회적 상호작용이 필요하다. 이 책에서 여러 번 언급했듯이, 고립 문제는 리더 자신을 위한 진지한 관심사가 되어야 하며, 또 모든 원격 근무 직원들을 위한 관심사가 되어야 한다.

그러므로, 리더의 아이디어에 대해서뿐만 아니라, 리더 역할 수행 전반에 대한 피드백을 요청하는 데 게으르지 말아야 하며, 또 의도적이어야 한다.

마지막으로 다시 언급하자면, 헌신적이고 자상한 리더가 될 때 부딪치게 되는 어두운 면은, 직원들에게 관심을 너무 많이 기울인 나머지 자신은 제대로 돌볼 여지가 없을 정도로, 자신의 욕구를 줄이기 쉽다는 것이다.

데이터 vs 맥락

우리의 조사 결과에서, 많은 리더들은 의사결정을 하고, 전략을 수립하기 위해 "필요한 정보" 수집의 어려움을 언급했다. 정보는 데이터(data)와 맥락(context)이라는 두 가지 형태로 나온다는 것을 이해하는 것이 중요하다.

데이터는 비교적 얻기 쉽다. 지난 달에 몇 대나 팔았지? 우리의 최신 제품을 고객들은 좋아하는가? 우리는 필요한 직원들을 몇 명 영입했는가? 이 질문은 숫자로 대답할 수 있고, 팀원들이 어디에서 일을 하든지, 아마 그 정보를 얻을 수 있을 것이다. 이런 종류의 정보가 필요할 때는 정보기술을 통해 비교적 쉽게 찾을 수 있게 되었다.

반면에 맥락은 가공되지 않은 데이터를 해석하여 유용한 정보로 바꾸어 준다. 예를 들어, 이번 달에 2,500개를 판매한 경우, 지금까지 한 달에 평균 1,000개 정도를 팔아왔다면, 이건 좋은 소식이다. 그런데 평균 5,000개를 팔아 왔다면, 문제가 된다. 그렇더라도, 이것은 데이터를 다른 데이터와 비교한 것에 불과하다. 하지만 직원들은 그것에 대해 어떻게 생각하는가? 그들은 고무되어 있고, 의욕이 넘치는가? 아니면, 낙심하여 의욕을 상실했는가? 그들의 반응에 따라 리더가 취할 행동과 의사소통 방식은 달라질 수 있다.

직원들의 사기를 북돋우기를 원하는가, 아니면 그들의 산만한 근무 자세를 바로잡고 싶은가? 이메일을 보내거나 미팅 소집을 하기 전에 리더가 원하는 상황이 무엇인지 확실히 해야 한다. 데이터와 맥락을 처리하고 대응하는 방법은 이후 리더 자신과 직원들의 행동을 결정하게 될 것이다. 하지만 리더는 어디서 그런 맥락을 얻을 수 있을까? 그것은 보통 다양한 피드백을 받으면서 얻을 수 있다.

··

**리더가 직원들에게 피드백을 요청하면,
리더는 의사소통과 리딩을 훨씬 더 효과적으로 할 수 있을 것이다.**

··

앞에서 말했듯이, 직원들이 일하고 있는 공장이나 사무실에 리더가 함께 있으면, 리더는 팀 분위기를 감지할 수 있다. 리더가 직원들로부터 500km 떨어진 곳에 있을 때는 상황에 대한 가정이나, 몇 개의 이메일에서 본 내용이나, 어느 직원과의 짧은 대화에서 들었던 내용을 바탕으로 결론을 도출하게 된다. 직원들에게 피드백을 요청하면, 리더는 의사소통과 리딩을 훨씬 더 효과적으로 할 수 있을 것이다.

정보 및 피드백 요청

어려움에 직면했을 때의 자연스러운 반응은 신뢰하는 사람들을 찾아 가서 "어떻게 생각하느냐"고 묻는 것이다. 이것은 좋은 출발이지만, 충분하지는 않을 수도 있다. 잠재된 힘의 불균형을 기억해야 한다. 만약 상사라는 위치에 있으면, 직원들은 자신을 평가할 권한을 포함하여, 자신들의 삶에 많은 영향력을 가지고 있다는 사실을 인식하고, 대답을 어느 정도 왜곡할 가능성이 많다.

TV 쇼 언더커버 보스(Undercover Boss)에서 이것을 잘 보여준다. 어떤 회사 CEO가 실제 업무 현장이 어떤가를 보고, 또 직위의 장벽 없이 자신의 업무 수행에 대한 피드백을 요청하기 위해 변장을 하고, 다양한 직급의 사람들에게 돌아다닌다. 그들로부터 듣는 반응이 좋든 나쁘든 간에, 리더들은 한결같이 새롭게 알게 된 사실에 대해 놀라고, 현장에 대한 자신들의 인식과 실제 현실 사이의 괴리에 대해 걱정했다. 그 쇼에 참여함으로써 회사의 브랜드를 알리는 데 도움이 되겠지만, 근본적으로는 그 CEO들은 그렇게 하지 않으면 얻을 수 없는 피드백을 얻기 위해 엄청난 노력을 기울인 것이다.

이것은 새로운 것이 아니다. 아라비안 나이트는 그들의 도시에서 실제로 무슨 일이 일어나고 있는지 보기 위해 밤에 변장을 하고 외출하는 현명한 술탄들에 대해 이야기한다. 교훈은 똑같다. 당신이 아무리 자애롭고 사랑 받는 리더라고 하더라도(그렇게 믿고 있다고 해도), 솔직한 피드백을 받는 것은 쉽지가 않다. 그러나 이것이 아니면, 어떻게 자신의 생각을 점검하고, 의사결정에 대한 평가를 하고, 성과 달성과 직원들을 위한 지원을 효과적으로 할 수 있겠는가?

특히 리더로서 자신에 대한 피드백을 요청할 때는 다음 사항을 고려해야 한다:

■ **기존 자료부터 살펴본다.** 직원들을 만나기 전에 관련 파일, 이메일 및 회의록 등을 살펴보자. 직원들의 반응은 어떠한가? 그들은 당신이 추진하고 있는 방식과 의사결정에 대해 어떻게 생각하고 있는가?

■ **신뢰하는 사람을 찾는다.** 이것을 리더가 좋아하는 사람이나 항상 리더의 생각에 동의하는 사람들과 혼동하지 마라. 신뢰할 수 있는 조언자는 여러 방면에서 나올 수 있다: 리더의 직위에 신경을 쓰지 않고, 자기 생각을 진실되게 말할 사람, 리더의 성공을 염원하는 사람, 리더가 갖고 있지 않은 업무 관련 전문성을 가진 동료와 직원, 또 고객과 관련 기관 등의 이해관계자에 대한 직접적인 정보를 가진 사람들이다.

참고: 만약 이러한 사람들의 숫자가(특히 당신 팀에 속한 사람)적다면, 당신에게 문제가 있다! 신뢰의 삼각형을 검토해 보고, 왜 이렇게 되었는지 생각해 봐야 한다.

- **열린 질문을 한다.** 리더의 질문이 아무리 진심이라고 해도, 리더는 여전히 "이것이 효과가 어떨 것이라고 생각하는가?"라고 묻고 있는 상사라는 것을 기억하라. 리더가 그렇게 물으면, 리더는 효과 있을 것이라고 생각한다는 것을 짐작할 수 있다. 혹은 그 질문을 하면서 얼굴을 찌푸렸다면, 그들은 리더가 회의적으로 보고 있고, 자기들도 회의적으로 봐야 한다고 생각하게 될 것이다. 대신 이렇게 질문하라, "당신 생각에는 어떻게 하면 효과가 있겠는가? 무엇이 문제가 되겠는가? 사람들이 어떻게 반응할 것 같은가? 그 이유는?" 직원들이 리더의 생각을 추측하지 않도록 진정한 열린 질문을 하라.

- **피드백을 할 때 PIN 기법을 사용한다.** PIN은 "긍정적인(positive), 흥미로운(interesting), 부정적인(negative)"을 의미한다. 스스로 이 기법을 사용하고, 직원들에게 그것을 사용하도록 장려함으로써, 리더는 더 정직한 대답을 얻고, 리더는 피드백을 받아들일 가능성이 더 커진다.

  - **긍정적인**(Positive). 아이디어, 상황 또는 행동에 대해 무엇이 좋고 가치 있는지 말한다. 긍정적인 말로 출발을 함으로써 방어가 반사적으로 나오지 않을 것이다. 이것은 대화의 효과와 정보 적용을 향상시킨다.

  - **흥미로운**(Interesting). 좀 복잡한 상황이나 아이디어가 있으면, 이것을 더 깊이 이야기해 보라. 피드백 대화에서 신뢰가 쌓일 수 있는 부분이 바로 이 부분이다. 흥미로운 것을 논의하는 것은 우리가 알지 못하거나 사람들이 가지고 있는 생각들을 파악할 수 있는 중립적인 방법이다.

- **부정적인**(Negative). 아이디어, 조치 또는 행동에 대한 반대, 우려 및 부정적인 결과에 관련된 의견을 말한다. 일단 긍정적인 면이 인정되었다는 것을 알게 되면, 사람들은 더 기꺼이 반대 의견에 귀를 기울인다.

만약 리더가 이런 방법으로 피드백한다면, 시간이 지남에 따라 이것은 팀원들의 의사소통 방식이 될 것이다.

- **가능한 깊이 있게 대화를 한다.** 전화로 의사소통 할 때는, 말하는 동안 직원들의 반응을 볼 수가 없다. 정말로 직원들의 피드백과 의견을 듣고 싶다면, 시간을 갖고 앞에서 논의한 방식대로 소통 툴을 활용하라. 대화 스케줄을 잡고, 충분한 시간을 확보하고, 활용 가능한 툴을 사용하라. 웹캠, 전화 및 미팅 툴을 활용하라.

- **시간을 두고 대화를 한다.** 리더가 생각하고 있는 것이 정말로 중요한 문제라면, 직원들은 대화를 하기 전에 최선을 다해서 자기 생각을 정리해야 할 것이다. 따라서 훌륭한 통찰력을 얻기 위해서는 직원들에게 대화 준비 시간을 주어야 한다(직원들은 다른 일을 하고 있기 때문에, 갑자기 요청하면 깊이 있는 통찰을 얻을 수가 없다). 그런데 대화는 솔직하게 잘 했지만, 전화를 끊고는 뭔가를 미처 생각지 못했다거나, "다른 방식으로 전달했어야 하는데" 하고 아쉬워했던 때가 얼마나 있는가? 이메일(또는 사용자가 원하는 대로 업데이트할 수 있는 공유 폴더 또는 문서)과 같은 비동기식 방법을 사용하면, 원래 생각에 새로운 것을 추가하는 것이 가능하다. 그것은 또 리더로 하여금 검토를 다시 하고, 피드백을 재평가할 기회를 준다.

리더가 자기인식을 확실히 하는 방법 중 하나는 360 평가를 활용하는 것이다. 이것은 직원, 동료, 상사로부터 익명으로 피드백을 받는 것인데, 여기에는 고객 및 공급업체와 같은 외부 이해관계자도 포함시킬 수 있다. 많

은 조직에서 인사평가 과정의 일부로 이것을 활용하고 있다. 여기에는 다음과 같은 주의사항이 있다:

- 익명으로 해야 된다.

- 질문이 좋아야 충실한 데이터가 얻어진다.

이 때문에 많은 조직들은 이 조사를 위해 외부 기관에 의뢰한다. 수많은 컨설팅 기관들과 마찬가지로 케빈 아이켄베리 그룹에서도 이 서비스를 하고 있으며, 우리는 설문 조사 자체보다 그 후에 이어지는 프로세스와 코칭이 더 중요하다고 믿는다. 진단이 중요하지 않기 때문이 아니라, 좋은 진단 도구가 많기 때문이다. 그 과정은 시간이 많이 걸리는 것처럼 보일 수 있지만, 술탄 및 다른 많은 "위장한 리더"들이 알게 되었듯이, 그 결과는 그야말로 감았던 눈을 뜨게 된 것과 같다.

성찰과 실천

☞ 직원들로부터 피드백을 충분히 받고 있는가?

☞ 그 피드백은 얼마나 솔직하다고 생각하는가?

☞ 피드백을 정기적으로 요청하는가?

☞ 당신에게 누가 피드백을 솔직하게 할 것 같은가?

☞ 당신은 피드백에 얼마나 개방적인가?

15장
/ 리더의 신념과 자기 대화 /

원칙 15. 자신의 신념을 점검해 봐야 한다. 이것이 리딩 방법을 결정한다.

자존감은 우리 스스로가 내리는 자신에 대한 평판이다.

— 나다니엘 브랜든 Nathaniel Branden, 작가

실무자 역할을 성공적으로 수행한 결과, 리더로 승진한 팀장이 있었다. 처음에는 자기 리더십 역량에 대해 의구심을 좀 가졌지만, 그는 직원들도 자기 자신이 실무자일 때 했던 것처럼 하도록 이끌고 있었기 때문에 자신이 꽤 잘 하고 있다고 느꼈다.

경영층에서는 팀장 자신의 평가보다 더 좋게 평가를 하여 그를 다시 승진시켰다. 이제 그는 3개 국가에 흩어져서, 자기는 경험해 보지 못한 업무를 하고 있는 직원들을 리드하게 되었다. 그는 자신이 새로운 역할에서 경영층의 기대에 부응할 수 있을까 염려가 되고, 머지않아 자신이 그 역할에 부적격자로 판명될 것 같은 불안감에 밤잠을 설치기도 한다.

좋은 리더가 되기 위해서는 비교적 건강한 자아상이 필요하다. 만약 자신이 그 직책에 적합한 사람이거나, 어느 정도는 잘 할 수 있는 사람이라고 생각하지 않는다면, 건강한 자아상을 가진 리더라고 하기는 어려울 것이다. 그

러나 리더가 완전한 인격 장애자가 아니라면, 자기 자신을 항상 긍정적으로만 생각하지는 않을 것이다.

월트 디즈니 영화 피노키오가 기억나는가? 그 영화에서 영웅적인 캐릭터 중 하나가 지미니 크리켓(Jiminy Cricket)이다. 그는 종종 우둔 하거나 고지식한 소리를 하지만, 피노키오에게 거짓말을 계속하면 결코 진짜 소년이 되지 못한다는 것을 상기시켜 주기 위해 항상 곁에 있다. 피노키오는 그 말을 들을 때도 있고 아닐 때가 자주 있지만, 적어도 나무 심장이 충동질하는 대로만 하지는 않는다.

원래, 지미니(Jiminy)는 오리가(auriga)를 모델로 한 것이었다. 오리가는 로마 황제의 하인으로, 그의 역할은 큰 행사를 하는 동안 황제 뒤에 서서 "기억해, 너는 단지 한 인간일 뿐이야"라고 속삭이는 것이었다. 황제가 군중의 사랑과 권력에 도취되지 않도록 하기 위해서였다. 그 일을 함으로써 명예를 얻는 것은 아니지만, 그 일은 가치 있는 것이었다.

만약 오리가가 건강하고 적절한 경고를 하는 대신에 "넌 바보야, 아무도 널 좋아하지 않아"와 같이 완전히 부정적인 말을 하는 사람이었다면 어땠을까? 황제가 힘든 결정을 내리거나 어떤 종류의 변화를 추진하는 데 힘을 실어줄 수 있었을까? 리더가 지나치게 비관적인 생각을 하면, 리딩 방식이 바뀌고, 그 결과도 크게 달라지게 된다.

리더의 자신에 대한 믿음이 리더의 성공을 좌우할 수 있다. 그리고, 자기 암시를 어떻게 하느냐에 따라 그 믿음이 형성되고 또 강화된다. 자신에게 질문을 해 보고, 자기 생각을 확인해 보는 것은 당연하고, 필요하다. 그러나 자신을 과소 평가하고, 부정적인 것에 집중하는 것은 매우 파괴적이다. 자기 암시를 할 때의 좋은 점은 그 내용을 마음대로 바꿀 수가 있다는 것이다.

다음은 자기 대화가 건강하지 못한 방향으로 흐르고 있다는 몇 가지 경고 신호와, 그것을 보다 긍정적인 방향으로 돌릴 수 있는 방법들이다:

■ **"난 바보야. 그건 사상 최악의 생각이야."** 이럴 때는 중학생처럼 "누가 그
래?"라고 능청스럽게 넘겨도 괜찮다. 만약 진지하게 그런 생각을 하고
있다면, 중립적인 사실들을 따져봐야 한다. 자신의 생각을 지지하거
나 부인할 수 있는 증거가 무엇인가? 무엇보다, 바보일 가능성은 거의
없다. 그리고 그것이 사상 최악의 생각이 아니라는 것은 확실하다.

■ **"나는 이것을 할 수 없어."** 우리가 사용하는 단어가 중요하다. "할 수 없
다"는 것은 사실에 대한 진술이다. 그것은 이루어질 수 없으며, 물리
적 세계의 자연 법칙을 거스르는 일이라는 뜻이다(*나는 맨손으로 코끼
리를 들어올릴 수 없다*). 당신을 삽으로 때릴 수 없다고 말하는 것은 사
실이 아니지만(몸이 그럴 능력이 있기 때문에), 좋은 행동이 아니라는 의
미이다.

할 수 없다!는 말이 나올 정도로 답답해지면, 표현을 바꿔라. "어떻게
해야 할지 아직 생각해 내지 못했어," 혹은 "지금까지는 그것을 할 능
력이 없었어"라고 하면, 완전히 다른 말이 된다. 이렇게 표현을 바꾸
면, 어려움이 있다는 것을 인정하면서도 여전히 성공의 가능성을 인
정하는 것이 되고, 이것은 자신의 내적 동기를 바꾼다. 그것은 또한
다른 사람의 도움을 필요로 할 수도 있다는 것을 암시한다. 문제를 해
결하려면, 다른 해결책이 필요할지도 모르는데, "난 할 수 없다"에 갇
혀 있게 되면, 그것을 보기 힘들다. 코끼리는 절대 맨손으로 들어올릴
수 없지만, 만약 도구를 사용해서 그것을 올리려 한다면, 근처에 있는
밧줄과 도르래가 도움이 될 것이다. 지금 시도하는 방법이 효과가 없
다고 해서 목표를 달성할 수 없는 것은 아니다. 그것은 지금 하고 있
는 방법을 멈추고, 다른 방법을 찾아야 한다는 뜻이다. "안될 거야,"
"절대 안돼," "불가능해"와 같은 단어들도 마찬가지이다.

- **"지금까지의 성공은 내 능력 때문이 아니었고, 언젠가는 드러날 것이다."** "가면 증후군(자신이 이룬 업적을 스스로 받아들이지 못하는 심리적 현상)" 으로 알려진 이 감정은 70% 이상의 리더들에게 영향을 미치는 것으로 추정된다.[1]

이 괴물을 다루는 데 도움이 되는 간단한 기법이 여기 몇 가지 있다:

- **가정(assumptions)을 체크해 보라.** "나는 능력이 없다"고 생각하고 있는 것이 구체적으로 어떤 부분인지 파악해 보라.

- **긍정적인 피드백을 맞다고 받아들이라.** 사람들이 당신이 똑똑하거나 능력 있다고 말할 때, 그 말을 믿고, 무시하거나 일축하지 말라. 만약 그들이 긍정적인 면을 보지 못했다면, 왜 그렇게 말하겠는가?

- **도움을 받으라.** 아무리 똑똑한 사람일지라도 도움을 청하고, 피드백과 답을 얻기 위해 다른 사람을 찾아간다는 것을 기억하라.

- **과거의 성공을 생각해 보라.** 당신은 성공한 경험이 있으니까, 앞으로 더 많은 성공을 할 수 있을 것이다. 비슷한 어려움을 어떻게 해결하였었는지 되돌아보라.

- **다른 능력 있는 사람을 대하듯 자신을 대하라.** 다른 사람에게 하지 않을 피드백이면, 자신에게도 하지 말라. 다른 사람에게 "완전히 쓸모 없는 사람"이라고 말하거나, 더 심한 말을 하겠는가? 아마도 아닐 것이다, 왜냐하면 그것은 상황을 더 악화시킬 뿐이고, 문제 해결엔 도움이 안 되기 때문이다. 그럼 당신이라고 다른 사람과 경우가 다른가?

- **"그동안 운이 좋았을 뿐이다."라고 생각하지 말라.** 라스베가스는 하나의 간단한 전제: 즉 *오직 운이 당신을 지배한다*, 하에 돌아간다. 그러나 현실에서는 그렇지 않다. 당신의 과거 성과나 성공을 폄하하지 마라.

당신이 이 부정적인 자기 대화에 빠져 있다는 것을 알아차렸을 때는, 휴식이 필요하다. 산책을 하거나, 두뇌를 많이 사용하지 않는 일에 몰두해 보라. 과거의 성공을 되돌아보고 자신에게 긍정적인 질문을 던질 시간을 가져라. 지난 장에서 설명한 PIN 기법은 다른 사람뿐만 아니라, 자신에게도 효과가 있다. 왜 자신보다 다른 사람에게 더욱 잘 하는가?

자기 대화를 관리하는 또다른 간단한 방법은 자기 대화를 중단하고, 다른 사람과 대화하는 것이다. 직원과 코칭 면담을 계획해 보라. 이전 동료들과 접촉하면, 함께 일했을 때 당신이 얼마나 대단했던 사람인지 상기시켜 줄 것이다. 부모님께 전화해서 전화를 받으시며 행복해 하시는 부모님 목소리를 들으면, 순간적으로 기분 전환이 된다

다른 사람들과 접촉하기 위해서는 의식적인 노력이 필요하며, 특히 부정적인 감정에 빠져있을 때는 더더욱 필요하다. 가장 일상적인 사회 활동일지라도 당신을 부정적인 생각에서 벗어나게 해 주고, 용기와 자긍심을 재충전시켜 줄 것이다.

성찰과 실천

☞ 리더로서의 자신에 대한 신념은 무엇인가?

☞ 그것이 어떻게 자신의 발전과 성공을 돕거나 방해하고 있는가?

☞ 부정적인 자기 대화가 자신감이나 의사결정에 얼마나 자주 방해가 되는가?

☞ 부정적인 자기 대화의 늪에 빠졌을 때, 자신의 에너지를 다시 긍정적으로 전환하기 위해 어떻게 할 것인가?

16장

/ 합리적인 한계 설정 /

원칙 16. 리더 혼자서 모든 것을 할 수 없다는 것을 받아들인다.

삶의 균형이 언제나 잘 잡혀있는 사람은 없다.
매일 당신의 우선순위를 선택하는 것은 의식적 결정이다.

— 엘리자베스 하셀벡 Elisabeth Hasselbeck, 토크쇼 The View의 공동 호스트

두 어린 아이의 엄마인 프로젝트 팀장이 있었다. 그녀는 프로젝트 팀장이 되기 위해 열심히 일을 했고, 자신의 업적에 대해 자랑스러워했다. 그녀는 시카고에 살고 있고, 그녀의 최근 프로젝트 팀에는 뉴욕, 샌프란시스코, 뉴델리에서 근무하는 팀원들이 참여하고 있다.

지리적 조건 때문에 의사소통은 도전이다. 직원들과의 대화는 시간대를 조정해야 하며, 이는 누군가(대부분 팀장이)가 정상 근무시간 이외 시간에 일을 해야 한다는 것을 의미했다. 이 상황은 자녀들과 배우자에게도 힘든 일이었다. 그녀는 지쳤고, 앞으로도 일과 가정 생활의 균형을 맞추려면, 현재 상황을 개선할 방법을 찾아야 한다.

우리가 말하는 리더십에 대한 관습적 표현들의 리스트 항목은 길 것이다. 여기에 세 가지만 소개하면:

- "나는 직원들에게 내가 하고 싶지 않은 일을 하라고 요구하지 않을 것이다."

- "모든 책임은 내가 진다."

- "내가 하지 않았을지라도 책임은 나에게 있다."

각 문구에는 진리가 담겨있기 때문에 "관습적인 말"이라고 하는 것이다. 문제는 지금은 업무가 계속 진행된다는 것이다. 1년 365일, 하루 24시간 업무가 지속되어 결코 중단되지 않지만, 우리는 유한한 존재라서 그런 식으로 일을 할 수는 없다.

리더가 직면하는 가장 큰 도전 중 하나는 조직과 직원들에 대한 책임을 지는 일과 리더 자신을 돌보는 일 사이의 균형을 찾는 것이다. 그래서 리더 역할을 매우 효과적으로 하면서도, 한편으론 한 인간으로서, 가족과 이웃 또는 사회 구성원으로서의 역할을 충실히 하는 것이다.

1950년대에, "회색 양복을 입은 사나이(the Man in the Gray Flannel Suit)"에 대한 이야기가 많이 회자되었다. 전형적인 뉴욕의 사업가로 그는 사무실을 오가며 열심히 일했지만, 집에 와서도 손에서 일을 놓지 않았다.[1] 이것은 그의 가족 해체와 자기 삶을 붕괴시키는 결과를 초래했다. 그러나 그 당시의 모든 업무는 한 도시 안에서, 같은 시간대에 했던 때였다. 그리고 이메일이나 휴대폰이 없기 때문에 하루 업무 시간은 끝날 수 밖에 없었다.

지금은 업무 시간이 끊임없이 연속된다. 보스턴 사무실에서 업무가 끝날 무렵이면, 샌프란시스코에서는 한창 일할 때이고, 좀 지나면 싱가포르에서 있는 직원과 통화할 일이 있다. 그리고 지금 당신이 있는 지역 시간이 몇 시인지 상관없이 보스턴에 있는 직원이 도움을 요청하면, 리더는 그들에게 대응을 해야 한다. 이런 사이클은 반복된다.

우리 조사 결과에 의하면, 리더들은 개인 시간에 대한 경계를 분명하게 할 수 없다는 점을 매우 끔찍하게 생각하고 있었다. 그들은 직원들이 전화와 이메일에 의존하여 일하기 때문에, 그들의 전화와 이메일에 시간 제한을 두지 않는다. 그러므로 가족이나 취미와 같은 자신들의 삶의 중요한 부분을 소홀히 하고 있다는 것을 안다. 결국, 무엇을 하든지 자기 자신을 포함한 누군가는 실망시키게 되어 있다.

원격 근무 환경을 만드는 데 있어서 해결해야 할 중요한 문제 중 하나는, 리더의 개인적인 삶의 균형을 유지하면서도 직원들이 접근 가능하도록 하는 방법을 찾는 것이다. 재택근무를 하면 가족과 가까운 곳에 있을 수 있지만, 아이들의 축구 경기 중 이메일 회신을 하느라 게임 우승 골을 놓쳤다면, 가까이 있다는 것이 무슨 의미가 있겠는가? 스스로에게 "이메일에 답하지 말자" "퇴근했으니까, 이제 그만"이라고 말하는 것이 한 가지 방법이지만, 그게 그렇게 쉽지 않다. 탁월한 리더는 자신에 대한 기대가 크기 때문에, 그것이 일과 삶의 균형을 찾기 어렵게 만든다.

웨인은 전국에 흩어져 있는 계약직 직원들이 많은 회사에서 일하고 있었다. 그는 직원들에게 어떤 업무를 해달라고 부탁하다가 반발을 당했다.

"반드시 해야 할 일이 아니었다면, 당신들에게 부탁하지 않았을 것이다"라며, 그는 격앙된 반응을 보였다. 그러자 직원 한 명이 "그런데 당신에게 해야 할 일이 아닌 것이 있을까요?"라고 물었다. 그 질문은 의미심장한 것이었다. 그의 일에 대한 열정의 한계는 어디까지일까? 그는 또한 자신이 가진 것이 거의 없는 사람으로서 그 동안 많은 일을 하느라 건강과 인간관계를 고갈시켜 왔다는 것을 깨달았다. 사실, 그는 자신이 하고 싶지 않은 일을 다른 사람들에게 하라고 한 것이 아니었다. 그렇다면, 다른 누구도 하지 않았을 일들을 자신은 그 동안 흔쾌히 했던 것인가? 그리고 꼭 그래야만 했는가?

어떻게 하면 리더의 책임을 다하면서도 개인 시간, 가족에 대한 책임, 자기 건강을 돌볼 수 있겠는가? 자신이 스스로 그 기준을 높게 설정하면, 그것은 직원들의 기준이 된다. 모든 사람이 자신과 똑같이 일을 해야 하는 것은 아니며, 자신의 행동이 가장 좋은 본보기가 아닐 수도 있다는 것을 기억하라. 원격 근무 직원들은 리더의 행동을 보기가 어렵기 때문에, 좋든 싫든 리더의 모든 행동이 확대 재생산 된다는 것을 기억해야 한다. 그들은 리더에게서 무엇을 보고, 그것을 자신의 행동에 반영시키고 있는가?

우선 이러한 책임 문제와 말하기 어려운 진실부터 들어가 보자: 만약 리더가 조직에 너무 중요해서 리더 없이는 몇 시간 또는 며칠 동안도 조직이 운영될 수 없다면, 리더는 잘못하고 있는 것이다. 잠시 이기심을 내려놓고, 간단한 질문을 해 보자. 만약 내가 내일 교통사고를 당한다면, 우리 팀은 어떻게 운영될 것인가?

**만약 리더가 조직에 너무 중요해서
리더 없이는 몇 시간 또는 며칠 동안도 조직이 운영될 수 없다면,
리더는 잘못하고 있는 것이다.**

아래 질문에는 힘이 있다. 왜냐하면 리더의 영역을 침범할 수 있는 문제를 보도록 만들기 때문이다.

■ **직원들은 무엇을 해야 하는지 알고 있는가?** 만약 직원들이 의사결정이나 승인을 받기 위해 끊임없이 리더를 찾는다면, 그 이유를 생각해 보라.

그들이 무엇을 해야 하는지 모른다면, 교육이나 코칭이 필요할 것이다. 그들이 알고 있지만 어쨌든 리더에게 온다면, 그것은 그들이 자신감이 부족하기 때문인가? 아니면 이후에 리더의 비난을 받으니, 처음부터 물어 보고 하는 것이 낫겠다는 판단을 해서인가? 직원들에게 의사결정을 하고, 조치를 할 수 있는 권한을 줘야 한다.

- **리더만 해답을 갖고 있는가?** 종종 직원들은 정보를 얻기 위해 상사에게 오지만, 대개 그것은 그들이 어디로 가야 할지 모르거나 그 자원에 대한 믿음이 부족하기 때문이다. 리더로서, 당신은 직원들이 필요한 도움을 어디에 구해야 하는지 정보를 주고, 또 그것을 얻도록 격려하고 있는가? 그들이 물었을 때, 당신은 이기심에서 나오는 대답을 하는가, 아니면 정말 도움이 되고 싶어서 대답하는가? 만약 그들이 서로에게 의지하도록 적극 격려하지 않는다면, 그것은 그들이 리더에게 의존하도록 만들고 있는 것이다. 아직 온라인 비동기식 리소스 센터(공유 파일, 쉐어포인트 등)가 없다면, 이제 그것을 갖추어야 할 때인 것 같다.

- **업무에 적임자를 배치하고 있는가?** 리더가 밤에 잠자리에 들 때, 해외에 있는 직원의 업무를 걱정해야 한다면, 어떻게 할 것인가? 리더가 안심하고 밤잠을 잘 수 있을 만큼 직원들의 수준이 오르도록 도와주든지, 아니면 적임자를 구해야 한다. 어떤 역할을 맡긴 직원이 그 일을 제대로 하지 못하고 있다고 생각한다면, 리더 자신이 계속 개입함으로써 자신을 과잉 보상하는 것이다.

- **개인 시간을 잘 확보하고 있는가?** 새벽 2시에 이메일을 받지 않겠다고 말하는 것과 그것을 지키는 것은 별개다. 당신이 어떤 일로 3시간 동안 자리를 비우게 되면, 직원들은 당신과 연락이 안될 것이라는 것을 알 수 있는가? 직원들이 그 이유까지 알 필요야 없겠지만, 만약 당신의 일정 공지, 음성/문자 메시지, 그리고 상황을 알리기 위한 다른 툴들을 사용한다면, 당신 부재로 생길 직원들의 스트레스를 줄일 수 있을 것이다. 예정된 시간에 당신이 업무에 복귀할 것을 직원들이 확신한다면, 그들은 아마 IM이나 문자 메시지, 이메일, 그리고 메시지 전달용 비둘기를 보내지는 않을 것이다.

■ **휴가 중에 이메일과 전화를 받는가?** 우리들 중 많은 사람들은 심지어 휴가 중일 때에도 이메일 회신을 위해 시간을 뺀다. 문제는, 주기적으로 업무 연결을 끊어 보지 않으면, 연결을 차단에서 오는 스트레스나 죄책감이 점점 증가하여 휴식을 제대로 누릴 수 조차 없게 된다. 휴가 중에 일을 할 생각이라면, 그것은 해변에서 원격 근무를 하는 셈이다.

조직의 프로세스 및 업무 흐름을 살펴보라. 당신은 불필요하게 끌려 다니는 경우는 없는가? 당신이 어떤 업무 과정에 꼭 있지 않아도 되는 곳이 있는가? 만약 있다면, 그렇게 되지 않게 만들 수는 없겠는가? 당신 조직에서 그 책임을 대신 맡을 수 있는 사람은 누구인가?

우리는 8장에서 위임에 대해 이야기했지만, 여기서 다시 언급하는 것도 가치가 있을 것이다. 리더가 효과적으로 위임할 때, 팀원들을 성공하도록 만들고, 자신도 건강한 개인 삶의 범위를 설정할 수 있는 자유를 얻게 된다.

성찰과 실천

☞ 일과 개인 시간 사이에 바람직한 경계를 설정했다고 생각하는가?

☞ 구체적으로 어떤 업무가 개인 시간을 침범하는가?

☞ 이 업무에 소요되는 시간을 어떻게 줄일 수 있겠는가?

☞ 현재 하는 일 중에서 직원들에게 위임할 수 있는 일은 무엇인가?

☞ 누구에게 위임할 것인가?

☞ 위임한 업무가 성공적으로 완수되려면, 무엇이 필요한가?

☞ 이 위임 사실을 다른 직원들에게는 어떻게 알릴 것인가?

☞ 위임을 어떻게 실행할 것인가?

☞ 위임을 하는 데 어떤 도움이 필요한가?

17장
/ 리더 자신의 우선순위 결정 /

원칙 17. 탁월한 원격 리더가 될 수 있도록 균형 잡힌 우선순위를 정한다.

우리는 무엇이든 할 수 있지만, 그러나 모든 것을 할 수는 없다.
적어도 동시에는 할 수 없다. 따라서 무엇을 할 것인가에 대해서가 아니라,
언제 할 것인가에 대한 우선순위를 생각하라. 타이밍이 중요하다.

— 댄 밀먼 Dan Millman, 작가

많은 고비를 넘기며, 마침내 해외영업 담당 임원이 된 영업 팀장이 있었다. 그는 자기 업무에 흥미가 있고, 회사에도 중요한 일이라고 생각하며, 임원으로 승진한 것을 자랑스러워했다. 자녀들이 이제 성장해서 독립해 나갔으니, 일을 할 수 있는 충분한 시간도 있다.

하지만, 그는 현재 기대했던 것만큼 기분이 좋지 않다. 일년 중 가장 바쁜 시기이지만, 육체적으로 지쳐있다는 것을 알게 되었다. 직원들도 그가 너무 많은 일을 시키고 있고, 직원들의 의견에 귀를 기울이지 않는다고 불평하고 있다. 그는 휴가 계획을 두 번이나 연기했고, 그의 아내도 직원들 이상으로 지금 불만이 쌓여있다. 지금이 그의 직장 생활 중에 최고의 시기가 되어야 하지만, 전혀 그렇게 느껴지지 않았다.

아직 이 책을 읽고 있다면, 당신은 자신을 마지막으로 생각한다는 것을 확신한다. 이 책을 통해 이야기했듯이, 성과 달성과 직원들이 리더 자신보다 우선이다. 그렇다고 해서 우리의 인성, 건강, 또는 정신건강을 포기하라는 것은 아니다. 자기 보호와 이기심 사이에는 차이가 있다.

··

자기 보호와 이기심 사이에는 차이가 있다.

··

가치관부터 언급해 보자. 가치관은 당신에게 정말 중요한 것을 결정하는 방법을 알려준다. 우리의 주장은 당신의 가치관이 어떠해야 한다는 것이 아니라, 그게 뭔지 분명히 하라는 것이다.

그렇다면, 자신에게 중요한 것은 무엇인가?

자신에게 중요한 것이 무엇인지 묻고, 솔직하게 대답할 때, 시간 관리의 장벽은 대부분 자신 때문이라는 것을 알게 될 것이다. 모든 사람은 같은 시간을 가지고 있다. 중요한 것은 그것을 어떻게 사용할 것인가 하는 문제이다. 케빈(Kevin)이 자기 저서 '뛰어난 리더십(Remarkable Leadership)'에서 말했듯이, 시간 관리는 곧 선택에 대한 관리이다. 자신의 가치관이 명확하지 않으면, 시간을 어떻게 사용할 것인지에 대한 명확한 선택을 할 수가 없다.

자신의 가치관을 알면, 활동에 대한 우선순위를 결정할 수 있다. 예를 들어 당신에게 정신적인 안정이 필요하다면, 재무보고 준비를 위한 일을 일요일에 하는 것은 좋지 않은 결정일 것이다. 만약 당신이 행복하고 생산적인 상태가 되기 위해 육체적인 운동이 필요하다면, 헬스장에 가라—당신에게 할애하는 그 시간 때문에 한 주일 동안 잘 될 일을 망치게 되지는 않을 것이다.

통제력을 회복하기 위한 변화가 쉽다고 말하는 것이 아니다. 먼저 직원들에게 당신과 일을 가장 효과적으로 할 수 있는 방법을 이해시켜야 한다. 간단한 예로, 당신의 수신 이메일이 관리할 수 없을 정도로 폭주하고 있다면,

직원들에게 당신이 반드시 읽고 회신할 필요가 있다고 판단될 때만, 수신자에 당신 이름을 올리라고 요청하라. 단지 당신을 수신자 명단에 포함시켜 준다는 의미밖에 없거나, 즉각적인 조치가 필요하지 않은 것들은 "참조"로 보내도록 요청하라. 이것은 당신이 중요한 일에 시간을 쓸 수 있게 해 줄 것이고, 직원들도 당신이 그들의 모든 메시지에 응답하는 것을 기대하지 않게 될 것이다.

비록 이것이 당신에 관한 문제일지라도, 당신은 이러한 변화를 만들기 위해 도움과 지원이 필요하다. 신뢰할 수 있는 사람에게 당신이 시간 관리하는 것을 도와달라고 요청하라. 대부분은 기꺼이 도울 것이다. 책임을 맡길 사람이 필요하면, 알맞은 사람을 찾으라. 밤중에 이메일 답장을 그만하겠다고 목표를 세웠다면, 믿을 만한 사람에게 모니터링해서 전화로 알려 달라고 해야 한다. 새벽 2시에 "고맙다"라는 이메일이 나갔다는 것을 당신에게 상기시켜주면, 정신을 차릴 수 있을 것이다.

아직 해 보지 않았다면, 당신 자신에게 중요한 것들의 목록을 만들고, 내가 그것에 만족할 만큼 시간을 할애하고 있는가? 라고 자신에게 물어보라. 아니라는 대답일 경우, 그것에 할애할 수 있는 작은 시간들을 찾아 보라. 그 목록에는 다음과 같은 항목이 포함될 것이다:

- 운동
- 배우자와의 시간
- 자녀들과의 시간
- 종교 활동
- 친구들과의 시간
- 독서와 자기계발
- 취미활동 등

취미나 자유로운 여가 시간은 생각보다 당신에게 중요하다. 뇌를 일에서 분리시키는 활동은 종종 당신의 영감에 불을 붙이며, 또 당신을 더 행복하고 편안하게 만들어 줄 것이다. 오케스트라 관람이 취미라면, 콘서트에 가라. 차 안에서 휴대폰을 끄 놓고, 기분이 좋아질 때까지 음악을 들어보라. 그것이 꼭 다른 사람들이 납득할 수 있는 것이어야 할 필요는 없다. 케빈(Kevin)은 존 디어 트랙터에 빠져 있다. 그는 경쟁 입찰을 하러 가다가도 들판에 새로 나온 제품이 보이면, 속도를 줄인다. 직원들은 그런 그를 보고 놀리지만, 그 취미가 그를 더 행복하고 다재 다능한 사람으로 만든다. 무엇으로든 자기 자신을 활력 있게 만드는 것이 중요하다. 그것에 대해 진지하게 생각해 보라.

이 중에 어떤 것도 모르고 있던 내용이 아닐 것이다. 진부한 이야기를 더 하고 싶지 않다. 하지만 알고 있다고 해서 당신의 개인 시간과 에너지를 지키는 일을 잘 하고 있다는 뜻은 아니다. 만약 그렇다면, 당신은 이미 균형 있는 생활을 하고 있을 것이고, 스트레스도 적게 받고 있을 것이다. 직원들 누구에게라도 허용할 수 있는 것이라면, 자신에게도 똑같이 허용해야 한다. 당신이 조직과 직원들 문제에 대해 진지한 것만큼, 자기 자신 문제도 똑같이 진지하게 처리해야 한다.

성찰과 실천

☞ 리더로서 성취한 것 중에 가장 자랑스럽게 여기는 것은 무엇인가?

☞ 개인 생활에서 가장 자랑스러운 것은 무엇인가?

☞ 개인 생활에서 지금보다 더 많은 시간을 보내야 할 곳은 어딘가?

◈ 5부 정리

지금 어떻게 하고 있는가?

■ 원하는 성과를 달성할 수 있도록 직원들을 도울 준비가 어느 정도 되었다고 생각하는가?

■ 당신 자신을 돌보는 방식 중 어떤 것을 개선하면, 직원들에게도 도움이 되겠는가?

앞으로 어떻게 할 것인가?

■ 자신감 있는 원격 리더가 되기 위해 구체적으로 할 것은 무엇인가?

■ 당신 자신을 더욱 잘 돌보기 위해 구체적으로 할 것은 무엇인가?

■ 이것을 언제부터 시작할 것인가?

■ 이것을 하는데, 어떤 도움이 필요한가?

제 6부

조직차원에서의
원격 리더 육성

18장
/ 원격 리더 육성을 위한 3가지 질문 /

원칙 18. 리더십 역량을 개발하는 것은 원격 리더가 되기 위한 사전 준비이다.

직원을 성장, 발전시키는 것은 리더십의 최고 소명이다.

— 하비 파이어스톤 Harvey Firestone, 파이어스톤社 설립자

글로벌 기업 인재개발팀장의 고민이다. 그 팀장은 지금 역설과 싸우고 있다. 원격 근무 직원들이 늘어남에 따라, 리더들에 대한 교육 필요성은 커지고 있는 반면, 경영 상황 악화와 리더십 교육의 효과에 대해 의구심을 가지고 있는 경영진에서는 교육예산을 줄이고 있다. 팀장은 기존에 했던 리더십 교육을 완전히 없애고, 원격 리더십에 관한 새로운 프로그램을 도입해야 할 것인지, 현재 리더십 프로그램을 수정해서 활용할 수 있는 방법이 있는지 고민 중에 있다.

이 책을 시작할 때, 우리는 조직에서 원격 리더를 육성해야 할 책임이 있는 사람들을 위한 지원을 약속했다. 당신이 리더십 역량을 향상시키려는 개인이든, 조직의 인재개발 담당자이든, 원격 리더 육성 계획 수립을 위한 몇 가지 전략과 접근법을 간단하게 살펴보고자 한다.

리더십 역량 개발을 검토할 때 우리는 고려해야 할 세 가지 질문이 있다고 본다.

- 어떤 조직이 되기를 원하는가? 현재의 조직문화는 이 비전과 일치하고 있는가?

- 원격 리더들에게 어떤 행동을 기대하는가? 그들에게는 어떤 스킬이 부족한가?

- 조직 차원에서의 원격 리더 육성과 지원 계획은 무엇인가? 원격 근무를 하는 직원들은 어떻게 지원할 것인가?

이 세 가지 질문에 대해 좀 더 자세하게 살펴 보자…

어떤 조직이 되기를 원하는가?
현재의 조직문화는 이 비전과 일치하는가?

원격 근무 직원들의 행동이 조직문화에 어느 정도 부합되고 있는지 명확히 파악하는 것은 중요하다. 우리가 이 책 시작 부분에서 말했듯이, 계획했든 아니든 간에, 원격 리더에게는 멀리 떨어져 있거나, 흩어져 근무하는 팀원들이 있다; 배는 이미 항구를 떠났다. 한 발 물러서서, 이것이 현재의 조직문화에 어떤 영향을 미치고 있고, 또 앞으로 미치게 될지 생각해 보길 바란다.

모든 회사에는 조직문화가 있다. 그것은 매우 소프트하고, 폭넓은 개념의 용어라는 것을 우리는 알고 있다. 조직문화에 대한 우리의 정의는 다음과 같다. "우리가 일을 하는 방식." 직원들이 원격 근무를 할 때, 일하는 방식이 조직문화와 다를 수 있다는 것을 깨닫는 데는 많은 통찰력이 필요치 않다.

리더도 자기 부서의 문화를 가지고 있다; 그것은 의도적으로 구축한 것이 아니거나, 혹은 리더 자신이 원하는 형태가 아닐 수도 있다. 멀리 떨어져 있는 근무 환경에서, 만약 자신이 원하는 조직문화를 정의해서 직원들이 따르도록 하지 않으면, 리더는 전혀 의도치 않은 상황으로 내몰릴 수도 있다.

모두가 같은 장소에서 일할 때는 이 조직문화를 정의하고 유지하기가 훨씬 쉽다. 주차장 배정 방식부터 문 위의 간판, 벽의 색깔, 휴게실에 게시된 거대한 미션 선언문까지, 모두가 일관된 메시지를 보거나 듣고는, 의식적으로 그리고 오랫동안 서서히 습득한 대로 그것들이 던지는 메시지를 따르게 된다.

CEO가 다른 사람들처럼 빗속에 차를 세우고 멀리까지 걸어가는 것을 볼 때, "여기서는 직위를 중요시 하지 않는다"와 같은 조직의 가치가 분명해 진다. 재택근무를 하면서 이 같이 비에 젖은 CEO를 본 적이 없다면, "직위는 중요하지 않다"라는 말을 믿지 않을 것이고, CEO에게 어떤 요청을 받으면 필요 이상으로 스트레스를 받을 것이다. 조직이 보내는 메시지는 의도적이고 일관성이 있어야 한다. 그렇지 않으면, 의도하지 않은 조직문화가 형성되는 것을 보게 될 것이다.

역사상 이렇게 많은 사람들이 한꺼번에 이렇게 많은 곳에서 일을 한 적이 없었다. 성공과 실패가 있을 수밖에 없다. 마법의 총알은 없다. 몇 년 전의 예가 이것을 증명한다.

2017년 IBM(이전부터 의도적으로 조직문화 구축을 해 온 기업)은 일부 직원들의 재택근무 종료를 발표했다.[1] 처음에는 모든 사람을 원래 사무실로 다시 부르는 것처럼 들렸으나, 실제로는 약 2%의 직원들만 해당되었다. 변화 이유는 팀 문화와 관련된 것이었다.

IBM의 특정 그룹들은 서로 아이디어를 공유해야 하는 협업에 크게 의존하고 있었다. 이런 협업은 특히 프로젝트 팀과 다기능 팀에서 더 요구되었지만, 모두가 같은 장소에서 근무할 때만큼 이것이 잘 이루어지지 않고 있었다. 우리가 그들에게 말해 줄 수 있었던 것처럼, 프로젝트가 거의 완료될 때까지, 새로운 아이디어 제시가 거의 없었다.

지침이 없으면, 원격 근무를 하는 사람들은 업무 중심적이고 독립적으로 되는 경향이 있다. 만약 당신이 직원들로부터 원하는 것이 그것이라면(예를 들어 당신이 개인 고객 서비스 담당자나 판매 담당자들처럼 그들의 목표량에 초점을 맞춘 팀을 가지고 있다면), 당신은 그것으로 만족할지 모른다. 그러나 만약 사람들이 서로 협력하고, 강한 유대 관계를 형성하기를 원한다면, 그것이 원격팀에서도 가능하기는 하지만, 우리가 그 동안 보아온 바에 의하면, 그것은 개별 팀이든지 조직 차원이든지 그것을 위한 의도적 노력이 있어야 한다. IBM은 똑똑한 사람들에게 미션과 툴을 주면, 그것이 유기적으로 일어날 것이라고 가정했지만, 그렇게 되지 않았다.

당신은 IBM이 과민반응을 보였다고 주장할지 모르지만, 야후, 애플, 그리고 원격 근무로 인한 파장이나 원격 근무가 팀에 미칠 영향을 검토하지 않고 성급히 도입한 다른 회사들에서도 그와 유사한 현상이 일어났다. 이러한 상황이 재택근무의 잠재성에 대한 공격이거나, 이제 원격근무에서 도로 회귀하고 있다는 징후는 아니다. 이 사례들은 예상대로 되지 않은 경우이므로, 사람들을 다시 사무실로 불러들임으로써 정책을 재검토하고 변화를 주는 것은 적절한 처방이었다.

당신이 원하는 조직문화는 프로세스에 의해 뒷받침되어야 한다. 예를 들어, 강력한 원격 팀을 구축하기 위해, 협업 툴을 사용하는 것이 프로젝트 관리에 중요한 경우에, 이 스킬을 역량 평가에 반영하겠는가? 우리는 많은 리더들이 "커뮤니케이션 스킬"에 대한 평가는 받으면서도, 필요한 소통 툴을 사용할 수 있는 스킬에 대해서는 평가 받지 않는 것을 보고, 자주 놀란다. 팀 브레인스토밍과 토론에 기여하는 것이 직원들의 핵심 역량이라면, 화상회의나 전화 회의에 대한 기여도가 부족한 직원에 대해 코칭을 하고 있는가? 아니면 직원들이 단지 로그인하고, 이메일에 답하는 것으로 참여했다고 인정해 주고 있는가?

경영 전문가 피터 드러커는 이렇게 말한 것으로 자주 인용된다. "좋은 사람들을 나쁜 시스템 속에 넣어라, 그러면 그 시스템이 매번 승리한다." 의도적으로 조직문화를 발전시키려면, 리더들을 교육하고 권한을 주는 것뿐만이 아니라, 그러한 행동을 습득하도록 하여 조직 전체가 함께 그 목표에 부응하도록 만들어야 한다. 그 가장 명백한 사례들이 여기 있다:

- **인적자원.** 조직의 성과 관리 시스템이 직원들이 어떻게 일하는지에 대한 현실을 반영하고 있는가? 교육 관리 시스템 및 성과 평가와 같은 지원 시스템이, 원격 팀을 이끌어가는 리더들에게 추가적으로 요구되는 스킬과, 변화된 근무 환경을 반영하고 있는가? 원격 근무자의 평가, 보상, 승진 프로세스가 사무실 근무자와 동일한가? 만약 회사가 직원들이 웹미팅 하는 것을 기대한다면, 그들은 그 미팅들이 가능한 효과적일 수 있도록 웹캠과 헤드셋에 기꺼이 투자하고 하는가?

- **정보통신기술.** IT 담당자가 모든 소통 툴 도입을 일방적으로 결정하고, 교육을 하는가? 그렇다면, 그것이 의도치 않은 조직문화 상의 문제를 야기시킬 수도 있다. 예를 들어, 만약 그들이 사내 인트라넷 대역폭을 걱정하고 있다면, 그들은 아무에게도 웹캠 사용을 허락하지 않을 수 있다. 리더인 당신이 모르는 가운데 그러한 결정이 일방적으로 내려지길 원하는가? 아니면 당신이 원하는 조직문화가 반영되고, 리더들의 현실적인 기대가 고려되는 진정한 대화를 통해 결정되기를 원하는가?

우리가 컨설팅하는 많은 조직에서 조직이 추진하는 일이 몰고올 결과에 대한 잘못된 판단을 근거로 하여, 직원들이 할 수 있는 것과 할 수 없는 것에 대한 제한을 많이 두고 있다. 어느 고객 회사의 IT 부서에서는 적합할 것이라는 잘못된 가정으로 원격 교육 플랫폼을 도입했었다. 불행히도 방화벽 때문에 원격 근무 직원들과 다른 나라에서 일하는 사람들은 그 플랫폼에 접근할 수 없었다. 최종 사용자들과 사전에 협의를 했더라면, 이런 문제는 피할 수 있었을 것이다.

원격 리더들에게 어떤 행동을 기대하는가?
그들에게는 어떤 스킬이 부족한가?

기존 역량을 출발점으로 활용하는 것이 좋다. 그 다음, 원격 리더십 모델의 3가지 기어를 모두 사용하여 원격으로 리딩할 때 추가적으로 요구되는 것들, 또는 변화되는 것들에 대해 논의할 것을 권한다. 여기 그 대화를 위한 몇 가지 도움말이 있다.

리더십과 매니지먼트

조직에서 갖고 있는 리더십 역량 리스트와 이 책에서 언급했던 아이디어를 비교해 보자.

다음 질문에 대해 생각해 보자:

- 조직의 역량 모델에, 원격 리더에게서 기대하는 역량들이 정확하게 반영되어 있는가?

- 만약 그렇지 않다면, 무엇이 반영되지 않았는가?

- 원격 리더의 역량에 대해 좀 더 명시적이거나 구체적으로 말할 필요가 있는가?

원격으로 리드한다는 것은 기존의 학습 내용에 특정 스킬과 지식이 추가되어야 한다는 것을 의미한다. "네, 우리는 코칭과 의사소통 워크숍이 있습니다." 라고 말하기 전에, 이 새로운 원격 근무 환경에서, 코칭, 위임, 의사소통, 회의 진행, 관계 구축, 목표 설정 등과 같은 분야를 성공으로 수행할 수 있도록 할 방법을 생각해 보라. 리더들은 원격 근무 환경에 관련한 문제와 대면 리더십과의 차이를 해결하고 완화시키는 데 도움이 되는 스킬을 모두 갖고 있어야 한다.

만약 이러한 학습 기회가 리더들에게 아직 제공되고 있지 않다면, 그들은 다양한 방법으로 이것을 제공받아야 한다. 여기에는 전통적인 강의실 교육, 가상 교육 및 e-러닝, 자기 주도 학습, 이것들이 혼합된 방식 등이 포함된다.

소통 툴과 테크놀로지

이러한 장비는 리더가 기존의 대면 리더십에서 원격 리더십으로 전환하는 방식에 가장 직접적인 영향을 미친다. 원격 리더에 대한 조직의 기대를 명확히 하기 위해 다음 질문을 검토해 보자.

- **그들이 어떤 툴을 사용하길 바라며, 언제 사용해야 하는가?** 이것은 소통의 깊이와 범위에 대한 토론이다. 리더들이 필요한 소통 툴의 사용법을 알고 있는가? 그리고 실제로 "사용"을 하면, 사용할 줄 아는 것 이상의 의미를 갖게 된다. 이 책에서 읽었던 우리의 권고를 바탕으로 원하는 기대와 지침을 제시하라.

- **툴을 효과적으로 사용"하는 것은 어떻게 하는 것인가?** 여기에는 툴을 잘 다루는 기술자가 되는 것(어떤 버튼을 눌러야 하는지 알고 있는가?)도 포함되지만, 적합한 소통 툴을 활용하여 참여적이고, 인터랙티브 하며, 효과적인 미팅을 촉진하는 능력도 포함된다. 그리고 그 일에는 기술보다는 퍼실리테이션 능력과 리더십이 더 중요시 된다.

스킬과 임팩트

소통 툴을 갖더라도 그것들을 적절하고 효과적으로 사용할 수 있을 때에만 도움이 된다.

- **리더들은 그 툴들을 효과적인 방식으로 사용하는가?** 리더들이 자신의 임무를 알고, 활용 가능한 툴이 무엇인지 아는 것은 중요하다. 그러나 그들은 또한 그 툴을 잘 활용해야 한다. 만약 리더가 툴을 사용하는

데 자신이 없다면, 그들은 자신이 가진 역량만큼 능력을 발휘하지 못할 것이다.

■ **리더들이 연습할 기회가 있는가?** 부담이 없을 때 연습을 하고, 코칭과 피드백을 받아야 한다. 툴 라이센스와 함께 제공된 온라인 자습서로는 이러한 자신감의 격차를 해결하지 못할 것이다. 조직들이 기술에 대한 투자 수익률을 극대화하지 못하는 주된 이유다.

조직 차원에서의 원격 리더 육성과 지원 계획은 무엇인가? 원격 근무를 하는 직원들은 어떻게 지원할 것인가?

위의 질문에 대한 답변이 마련되었으면, 당신은 이제 원격 리더십을 개발하기 위한 계획을 수립할 준비가 된 것이다. 흔히, 조직에서는 실질적인 계획 수립을 잘 안 한다. 오히려 참석자나 조직 전체에 대한 명확한 목적과 맥락 없이 워크샵에 "일부 사람들을 보내"는 결정을 하거나, "어떤 코스를 추가"하는 결정을 한다.

우리가 위 질문에 "훈련"이라는 단어를 포함하지 않았음을 주목하라. 그것은 의도적이었다. "개발과 지원"의 초점은 단순한 훈련이 아니라, 학습이어야 한다고 우리는 믿고 있다. 관점을 학습으로 바꾸면, 다음과 같은 세 가지를 하게 된다:

■ **배움을 일과 연결시킨다.** 우리는 가끔, 멀리 있는 자기 회사까지 와서 리더들에게 원격 팀을 리드하는 방법을 가르쳐 달라는 요청을 받는다. 그렇게 할 수도 있지만, 우리가 테크놀로지를 사용하여 그들과 효과적으로 의사소통 하는 것을 직접 체험해 보게 함으로써 테크놀로지를 활용해 비대면으로 리드하는 방법을 익히도록 하는 것이 더 이치에 맞지 않겠는가?

그렇지 않으면, 그것은 사람들에게 헬스장에서 수영하는 것을 가르치는 것과 같다. 학습은 사람들이 하는 일과 그것을 수행하는 방식에 직결될 때 가장 빠르고, 효과적이다. 그것은 또한 현실적인 뒷받침을 필요로 한다. 사람들이 원격 환경에서 효과적으로 의사소통 하는 것을 배우도록 도와주고 싶어도, 만약 사내 인트라넷 대역폭과 회사 정책 때문에 웹캠 사용이 불가능하다면, 아무 도움이 되지 않는다. 그리고 핵심 성과 지표(KPI)가 모두 개인 성과에 집중되어 있다면, 워크숍 기간 동안 협력과 협업을 독려하는 것이 명분을 잃게 된다.

■ **다양한 방법으로 학습이 가능하게 한다.** 만약 당신의 직장이 다양한 장소, 다른 시간대, 다른 스케줄에서 일하는 사람들의 복잡한 혼합체라면, 관련된 기술을 배우는 방법들이 이러한 현실을 반영해야 되지 않겠는가? 원격 리더와 해당 팀에서 비동기식 방법과 동기식 방법을 모두 사용할 수 있는지 확인해야 한다.

■ **프로세스로 만든다.** 우리는 훈련은 하나의 행사지만, 학습은 하나의 프로세스라고 믿는다. 만약 리더들이 배운 것을 협업에 적용하고, 습관을 바꾸고, 새로운 것에 도전하는 데 자신감을 갖기를 원한다면, 하나의 이벤트로는 항상 부족할 것이다. 피아노 연주 워크샵에 참석하여 피아노를 잘 치는 법을 배운 사람은 아무도 없었다. 우리는 한 번에 다 배우는 것이 아니라, 오랜 시간에 걸쳐 스킬을 배운다. 코칭(1:1 또는 그룹)과 멘토링은 리더십 개발 계획에 포함되어야 한다.

우리에게도 분명 편견이 있겠지만, 우리가 방금 말한 것들을 모두 외부에 의뢰하고 싶지는 않더라도, 조직 내에서 모든 것을 다 하고 싶지도 않을 것이다. 원격 근무하는 직원들을 리드하는 데 필요한 스킬과 맥락은 그 동안 인재개발 부서에서 했던 것과는 차이가 있을 수 있다.

웨인은 2009년부터, 온라인과 강의실 교육을 병행한 교육 참가자들에게 그 교육에 참가하기 전에 원격 리더십에 관련된 어떤 교육이라도 받은 경험이 있는지 물었다. 참가자의 절반 이상은 없다고 했다. 조직에서는 그들이 스스로 터득하기를 바란 셈이었다. 다행히도 이런 현상은 빠르게 변하고 있다. 시각장애인이 시각장애인을 이끄는 것에 빗댈 것은 아니지만, 원격 근무나 테크놀로지에 익숙하지 않은 사람들에게 이 주제에 대한 학습을 설계하고 전달하도록 요구하는 것은 합리적이지도, 효과적이지도 않을 것이다.

마지막으로, IT 부서는 일반적으로 테크놀로지를 가르치는 업무를 담당하는데, 이런 식으로 교육을 하게 되면, 다음과 같은 문제가 생긴다:

- **시연하는 것 이상이 필요하다.** 테크놀로지를 효과적으로 가르치기 위해서는 맥락, 시연, 적용 및 지속적인 코칭이 필요하다. 단순히 기술에 능숙한 어떤 사람의 설명을 녹화해서 들려주는 것은 교육이 아니다. 당신 조직의 IT 담당자들은 사람들이 이러한 테크놀로지를 실제로 배울 수 있도록 지원할 수 있는 자질과 전문성을 보유하고 있는가?

- **IT담당자는 맥락이 아닌 툴에 초점을 맞춘다.** 그들은 리더들이 업무에 툴을 어떤 식으로 활용해야 하는지 이해하지 못할 수도 있다. 화면을 공유하여 기술 지원을 하려고 WebEx를 사용하는 사람과, 그 툴을 사용하여 리드하고 커뮤니케이션하려는 사람과는 그것의 사용 용도가 매우 다를 것이다. 툴 사용에 대한 어떤 교육도, 사람들이 실제 생활에서 그것을 어떻게 사용할 것인지, 맥락에 맞춰서 행해져야 한다.

- **그들은 잘 알고 있는가?** 그들이 기술자라고 해서 꼭 툴을 제대로 사용하는 것은 아니다. 오랫동안 Skype를 사용했으면서도 설문 조사나 화이트보드 같은 일부 관련 툴을 모르고 있는 IT 직원을 우리는 자주 보았다. 누구를 형편없는 사람으로 매도 하려는 것이 아니다. 그들에게는 그런 옵션을 사용할 필요가 없었을지도 모른다. 단지 그들이 리

더들을 가르치기에 가장 자격 있는 사람들이 아닐 수도 있다는 것을 지적할 뿐이다.

원격 근무 직원들

이 책은 리더십에 관한 책이지만, 추가 스킬이 필요한 원격 근무 직원들이 있다는 것을 인정하지 않고는 성공적인 원격 리더십을 이야기할 수 없을 것이다. 모든 사람이 실제 현장에서 일하는 방법에 대한 동일한 이해도를 가질 때에 팀은 높은 성과를 창출할 가능성이 높다. 예를 들어, 신뢰 삼각형을 리더들만 공유하고 직원들과는 그렇게 하지 않는다면, 그것은 잘못된 것이다.

다음 질문을 생각해 보자:

■ 원격 근무자들은 조직의 사명과 비전, 목표와 전략, 그리고 그들의 업무가 어떻게 서로 연결되어 있는가를 이해하고 있는가? (기억하라, 사무실에서 함께 일할 때 지침으로 삼을 수 있는 많은 단서와 주의사항들은 원격으로 근무할 때는 없다.)

■ 직원들 각자가 원격 근무와 관련하여 자신들에게서 요구되는 역할이 무엇인지 알고 있는가?

■ 직원들은 자기 역할을 수행하는 데 필요한 스킬을 가지고 있는가?

■ 직원들은 원격으로 의사소통하고, 관계를 형성하고, 신뢰를 구축할 수 있는 스킬을 가지고 있는가?

■ 직원들이 부족한 스킬을 배울 수 있는 방법이 있는가?

그리고 아마도 가장 중요한 것은, 이 장의 모든 질문의 답변에 대해 얼마나 자신이 있는가? 만약 당신이 여전히 이 책을 읽고 있다면, 당신은 원격 리더들의 성공을 돕는 일에 대해 생각하고 있는 것이다. 결국, 성공적인 직원들이 없이는 그 리더는 성공할 수 없다. 반드시 직원들도 함께 지원하고 개발해야 한다.

성찰과 실천

　우리는 지금까지 각 장을 마무리 할 때, 리더 자신이나 자기 팀에 대해 성찰해 보도록 했었다. 이 번 장에서는 그 초점이 다르다. 조직 차원에서 생각해 보기를 바란다. 이를 위해 다른 부서 사람들과 대화를 나누는 것도 도움이 될 것이다. 우리는 그 같은 대화를 나누는 것과, 그 결과로 도출된 행동을 실천할 것을 권장한다.

☞　당신은 어떤 조직문화를 원하는가?

☞　일부 직원들이 원격 근무를 함에 따라 조직문화에 어떤 영향을 미치겠는가?

☞　원하는 조직문화를 만들기 위해, 특별히 원격 근무 직원의 어떤 행동을 변화시켜야 하는가?

☞　원격 리더들의 바람직한 행동과 스킬은 무엇인가?

☞　원격 리더들은 현재 어떤 스킬과 지식이 부족한가?

☞　원격 리더들의 필요를 충족할 학습 자료는 어떤 것을 갖고 있는가?

☞　리더십 개발 계획 수립 시 인재개발 부서 외에 또 어떤 부서가 참여해야 되겠는가?

☞　리더십 개발 계획이 실제 현장의 필요에 맞춰지도록 하기 위해서, 어떻게 해야 되겠는가?

에필로그

원칙 19. 앞의 원칙을 모두 지키지 못했다면, 원칙1을 기억한다.

지속적인 성장과 발전이 없다면,
향상, 성취, 성공과 같은 단어는 아무런 의미가 없다.

— 벤자민 프랭클린 Benjamin Franklin

이 책은 끝나가고 있지만, 당신의 도전은 이제 시작되기를 바란다. 책 자체만 보면, 별 것 아닐 수 있다. 우리가 겸손한 척하느라고 하는 말이 아니다; 이 책을 적절한 맥락 속에 넣기 위해서이다. 만약 우리가 제대로 썼다면, 이 책은 두 가지, 어쩌면 세 가지 일을 했을 것이다:

- **이 책은 당신에게 배움을 주었다.** 결국, 당신은 웨인의 소설 중 하나를 읽은 것이 아니다. 당신은 이 책을 통해 원격 근무 직원들을 리드하는 것에 대해 새로운 것을 배웠고, 무언가를 새로운 방식으로 보게 되었고, 그 동안 당신이 해왔던 것이 "맞았고", 적절했으며, 가장 좋은 방법이었다는 것을 확인했을 수도 있다.

- **이 책은 당신에게 영감을 주었다.** 아무런 영감 없는 교육은 땀이 나지 않는 운동과 같다. 당신의 옛 선생님들 중 누구를 폄하하는 것은 아닌데, 아마 당신은 학교에서, 뭔가를 가르쳐 주기는 했지만, 당신에게 영감은 주지 못한 수업이 기억날 것이다. 우리는 당신이, 특히 원격으로 리드하기 때문에 문제가 더욱 복잡해질 때, 이 책을 읽은 후 더 많은 희망과 자신감을 갖고, 그리고 리더십의 가치와 중요성에 대해 인식하게 되었기를 바란다.

- **이 책은 당신을 즐겁게 했다.** 앞의 두 가지만큼 중요한 것은 아니지만, 우리는 이것이 없었다면, 나머지 두 가지는 일어나지 않았을 것이라고 주장한다. 도대체, 당신은 징기스칸, 디즈니월드, 아리비안 나이트, 코요테, 피노키오 등에 관한 이야기를 언급한 리더십 관련 책을 몇 권이나 읽어봤는가? 학습은 재미 있을 수 있고, 또 재미 있어야 한다는 우리의 생각에 기반을 두고 있다.

하지만 우리는 이 책의 진정한 목적인 네 번째 것을 이루기를 간절히 바라고 있다.

- **이 책은 당신을 행동으로 이끌었다.** 배움, 영감, 재미도 가치 있는 것이지만, 그것들은 단지 과정일 뿐이다. 여기서의 목표는 적용이다. 즉, 현업에서 무언가를 실행하는 것이다. 만약 앞으로 직원들에게 피드백을 더 의도적으로 하지 않는다면, 소통 툴을 더 효과적으로 사용하는 방법을 배우지 않는다면, 직원들이 정해진 목표를 달성하도록 더 적극적으로 돕지 않는다면, 이 책을 왜 읽었는가?

케빈이 그의 저서 '뛰어난 리더십'으로 받은 최고의 칭찬 중 하나는 "이 책은 교육을 하는 강사에 의해 쓰여졌다는 것을 알 수 있다"는 것이었다. 그는 배운 것을 현업에 적용하도록 격려하고 있다." 저자인 우리 두 사람은 코치, 강사, 그리고 퍼실리테이터 역할을 하는 것이 자랑스럽다. 우리는 강의실과 웹캠에서 많은 시간을 보내면서 전세계에 있는 리더들이 새로운 스킬과 접근법을 배우고, 더 효과적으로 리드하고 소통할 수 있도록 돕고 있다. 우리는 당신이 더 풍부한 스킬과 자신감을 가지고, 원격 리더 역할을 할 수 있도록 이 책을 썼다.

그러나 이것은 단지 책일 뿐이다.

이제 진짜 중요한 것이 시작된다.

만약 당신이 유용한 툴을 가지고 간다면, 그리고 그것들을 적용해 볼 자신이 있다면, 우리는 기쁘고, 자랑스럽고, 영광스러울 것이다.

그리고 이 책은 끝나고 있지만, 원격 근무 리더들을 돕겠다는 우리의 헌신은 그렇지 않다. 모든 저자들과 마찬가지로, 우리도 당신으로부터 여기서 제기했던 질문의 해답을 이제 찾았다는 말을 듣고 싶고, 이 책으로 당신이 발전했다는 말, 그리고 보다 효과적인 원격 리더가 되었다는 소식을 앞으로 듣기를 기대한다.

이 책의 독자가 되신 것에 진심으로 감사드린다.

참고

1장

1. The survey was conducted between June and September of 2017 and continues today. To take part in the survey and add your voice, go to http://longdistanceleaderbook.com/survey.
2. Jean M. Twenge, *iGen: Why Today's Super-Connected Kids Are Growing Up Less Rebellious, More Tolerant, Less Happy—and Completely Unprepared for Adulthood* (New York: Atria Books, 2017).

2장

1. Andrew Filev, "The Future of Remote Teams: How to Fine-Tune Virtual Collaboration" (paper presented at PMI® Global Congress 2012—North America,Vancouver, British Columbia, Canada), https://www.pmi.org/learning/library/remote-teams-tune-virtual-collaboration-6022.
2. Bureau of Labor Statistics, "American Time Use Survey—2016 Results," news release no. USDL-17-0880, June 27, 2017, https://www.bls.gov/news.release/pdf/atus.pdf. See also Alina Tugend, "It's Unclearly Defined, but Telecommuting Is Fast on the Rise," *New York Times*, March 7, 2014, https://www.nytimes.com/2014/03/08/your-money/when-working-in-your-pajamas-is-more-productive.html?_r=0.

3장

1. Karen Sobel Lojeski, *Leading the Virtual Workforce: How Great Leaders Transform Organizations in the 21st Century* (Hoboken, NJ: John Wiley & Sons, 2009).

4장

1. Based on *The CHAOS Report* (1994) by the Standish Group and revisited in 2007. Although there is considerable debate about the numbers, Jim Highsmith, in *Agile Project Management: Creating Innovative Products*, and other experts have concluded: "The Standish data are NOT a good indicator of poor software development performance. However, they ARE an indicator of systemic failure of our planning and measurement processes." He goes on to say that you can't use the Standish numbers to show return on investment, but they accurately predict end-user adoption and other cultural barriers to success.
2. Gerald C. Kane, Doug Palmer, Anh Nguyen Phillips, David Kiron, and Natasha Buckley, "Strategy, Not Technology Drives Digital Transformation,"

MIT Sloan Management Review (July 14, 2015), https://sloanreview.mit.edu/projects/strategy-drives-digital-transformation/, and Michael Fitzgerald, Nina Kruschwitz, Didier Bonnet, and Michael Welch, "Embracing Digital Technology: A New Strategic Imperative," *MIT Sloan Management Review* (October 7, 2013), https://sloanreview.mit.edu/projects/embracing-digital-technology/.

5장
1. For more on servant leadership, see the Robert K. Greenleaf Center for Servant Leadership, https://www.greenleaf.org/what-is-servant-leadership.
2. "Mission Statement of McDonald's," Strategic Management Insight, September 14, 2013, https://www.strategicmanagementinsight.com/mission-statements/mcdonalds-mission-statement.html.
3. "Google Business Profile and Mission Statement," The Balance, July 13, 2017, https://www.thebalance.com/google-business-profile-2892814.
4. Nicholas Bloom, "To Raise Productivity, Let More Employees Work from Home," *Harvard Business Review*, January-February 2014, https://hbr.org/2014/01/to-raise-productivity-let-more-employees-work-from-home.
5. Justin Kruger and David Dunning, "Unskilled and Unaware of It: How Difficulties in Recognizing One's Own Incompetence Lead to Inflated Self-Assessments," *Journal of Personality and Social Psychology* 77, no. 6 (1999): 1121-1134.

제 3 부 소개
1. Bloom, "To Raise Productivity," *Harvard Business Review*.

7장
1. Here is one source for the anecdote, although note Jerry Seinfeld's response to it in the footnote: James Clear, "How to Stop Procrastinating," *James Clear* blog, https://jamesclear.com/stop-procrastinating-seinfeld-strategy.
2. Tomas Laurinavicius, "34 Best Habit Forming Apps of 2017," *tomas laurinavicius* blog, March 30, 2017, https://tomaslau.com/habit-forming-apps.

8장
1. Victor Lipman, "65% of Employees Want More Feedback (So Why Don't They Get It?)," *Forbes*, August 8, 2016, https://www.forbes.com/sites/victorlipman/2016/08/08/65-of-employees-want-more-feedback-so-why-dont-they-get-it/#43311996914a.

2. Marshall Goldsmith, Laurence S. Lyons, and Sarah McArthur, *Coaching for Leadership: Writings on Leadership from the World's Greatest Coaches*, 3rd ed. (San Francisco: Pfeiffer, 2012). 3. Andrew S. Grove, *High Output Management* (New York: Random House, 1983, 1995).
4. Thomas J. Peters, Robert H. Waterman, *In Search of Excellence: Lessons From America's Best-Run Companies* (New York: HarperCollins, 1982, 2004).

11장

1. James M. Kouzes, Barry Z. Posner, *The Leadership Challenge: How to Make Extraordinary Things Happen in Organizations*, 6th ed. (Hoboken, NJ: John Wiley & Sons, 2017).
2. Alice F. Stuhlmacher, Maryalice Citera, and Toni Willis, "Gender Differences in Virtual Negotiation: Theory and Research," ResearchGate, July 3, 2007, https://www.researchgate.net/publication/225629879_Gender_Differences_in_Virtual_Negotiation_Theory_and_Research.

12장

1. Bettina S. T. Buchel, *Using Communication Technology* (New York: Palgrave, 2001).

13장

1. Gerald C. Kane, Doug Palmer, Anh Nguyen Phillips, David Kiron, and Natasha Buckley, "Strategy, Not Technology Drives Digital Transformation," *MIT Sloan Management Review* (July 14, 2015), https://sloanreview.mit.edu/projects/strategy-drives-digital-transformation/, and Michael Fitzgerald, Nina Kruschwitz, Didier Bonnet, and Michael Welch, "Embracing Digital Technology: A New Strategic Imperative," *MIT Sloan Management Review* (October 7, 2013), https://sloanreview.mit.edu/projects/embracing-digital-technology
2. Kane, et al., "Strategy, Not Technology," and Fitzgerald, et al., "Embracing Digital Technology," *MIT Sloan*.
3. "True Wireless Confessions: How People Really Use Their Phones," Verizon, April 2015, https://cbsdetroit.files.wordpress.com/2015/06/true-wireless-confessions-june-2015.pdf.

15장

1. Pauline Rose Clance and Suzanne Imes, "The Imposter Phenomenon in High Achieving Women: Dynamics and Therapeutic Intervention,"

Psychotherapy Theory, Research and Practice 15, no. 3 (1978), http://www.
paulineroseclance.com/pdf/ip_high_achieving_women.pdf.

16장

1. While the term has become commonplace, it refers to the title character of the 1955 novel *The Man in the Gray Flannel Suit* by Sloan Wilson. Gregory Peck starred in the 1956 movie of the same name.

18장

1. John Simons, "IBM, a Pioneer of Remote Work, Calls Workers Back to the Office," *Wall Street Journal*, May 18, 2017, https://www.wsj.com/articles/ibm-a-pioneer-of-remote-work-calls-workers-back-to-the-office-1495108802.

▌추천도서 ▌

- Bell, Chip R., and Marshall Goldsmith. *Managers As Mentors: Building Partnerships for Learning.* Oakland, CA: Berrett-Koehler Publishers, 2013.

- Booher, Dianna. *Communicate Like a Leader: Connecting Strategically to Coach, Inspire, and Get Things Done.* Oakland, CA: Berrett-Koehler Publishers, 2017.

- Buchel, Bettina S. *Using Communication Technology: Creating Knowledge Organizations.* New York: Palgrave MacMillan, 2001.

- Covey, Stephen M. R. *The Speed of Trust: The One Thing That Changes Everything.* New York: Free Press, 2008.

- Drucker, Peter F. *The Effective Executive: The Definitive Guide to Getting the Right Things Done.* New York: HarperCollins, 2006.

- Eikenberry, Kevin. *Remarkable Leadership: Unleashing Your Leadership Potential One Skill at a Time.* San Francisco: Jossey-Bass, 2007.

- Eikenberry, Kevin, and Guy Harris. *From Bud to Boss: Secrets to a Successful Transition to Remarkable Leadership.* San Francisco: Jossey-Bass, 2011.

- Gentry, William. *Be the Boss Everyone Wants to Work For: A Guide for New Leaders.* Oakland, CA: Berrett-Koehler Publishers, 2016.

- Kahnweiler, Jennifer B. *The Genius of Opposites: How Introverts and Extroverts Achieve Extraordinary Results Together.* Oakland, CA: Berrett-Koehler Publishers, 2015.

- Kouzes, James M., and Barry Z. Posner. *The Leadership Challenge: How to Make Extraordinary Things Happen in Organizations,* 6th ed. Hoboken, NJ: John Wiley & Sons, 2017.

- Maxwell, John C. *The 21 Irrefutable Laws of Leadership: Follow Them and People Will Follow You.* Nashville, TN: Thomas Nelson, 2007.

- Rad, Parvis F., and Ginger Levin. *Achieving Project Management Success Using Virtual Teams.* Boca Raton, FL: J. Ross Publishing, 2003.

- Sayers, Gale, and Al Silverman. *I Am Third: The Inspiration for "Brian's Song,"* 3rd ed. New York: Penguin Books, 2001.

- Stanier, Michael Bungay. *The Coaching Habit: Say Less, Ask More, and Change the Way You Lead Forever.* Toronto, ON: Box of Crayons Press, 2016.

- Turmel, Wayne. *Meet Like You Mean It: A Leader's Guide to Painless and Productive Virtual Meetings.* Lisle, IL: Achis Marketing Services, 2014.

- Zofi, Yael. *A Manager's Guide to Virtual Teams.* New York: AMACOM, 2012.

▌ 감사의 글 ▌

이 책이 나오기까지 많은 사람들의 도움이 필요했으며, 책 내용에 적합하게, 모두 멀리 흩어져 있다.

먼저, 케빈 아이켄베리 그룹(Kevin Eikenberry Group) 및 원격 리더십 연구소(Remote Leadership Institute)에서 매일 함께 일하는 직원들이 있다.

리치몬드에서 피닉스, 시카고, 인디애나 폴리스에 이르기까지 모두 열심히 노력하고, 예리한 통찰력과 즐거운 지원으로 우리를 계속 놀라게 한다. 특히 그래픽에 대한 도움과 우리의 말을 그림에 넣는 데 도움을 준 에리카 브라운(Erica Brown)에게 감사드린다.

베렛 코엘러(Berrett-Koehler) 팀은 우리에 대한 믿음과 이 프로젝트에 대한 초기 지원 및 집중 유지, 지속적으로 변하는 목표에 계속 집중해 주신 데 대해 감사드린다. 특히 닐 메일렛(Neal Maillet)과 제반 시바수브라마니암(Jeevan Sivasubramaniam)은 물론 제작 팀과 마케팅 및 홍보에 관련된 모든 사람들에게 감사드린다. 그들 없이는 이 글을 읽지 못했을 것이다. 로저 피터슨(Roger Peterson)은 우리의 아이디어를 다듬고 더 나은 책을 만드는 데 도움을 주었다. 우리 책을 깨끗하게 닦는 일을 담당했던 존 포드(Jon Ford)와 조나단 펙(Jonathan Peck)도 큰 공헌을 했다.

마지막으로 소중한 고객 여러분께 봉사하고, 함께 일하며, 배우는 것이 우리의 기쁨이다. 이 책이 당신의 여정을 조금 덜 힘들게 만들어주기를 진심으로 바란다.

추가하여 우리 두 사람의 개인적인 감사가 있다.

케빈(Kevin)···

직원들에 대한 전체적인 감사 이외에도 나는 좀 더 말하지 않을 수 없다. 나는 매일이 원격 팀을 리드할 기회가 있었기 때문에 이 책이 더 좋아졌다고 믿는다. 많은 아이디어가 우리 직원과의 상호 작용을 통해 테스트되고 연마되었다. 그들로부터 배운 것은 아무리 강조해도 지나치지 않는다.

마지막으로 아내 로리(Lori)에게는 이 책을 쓰는 동안뿐만 아니라, 평생 동안 인내와 이해로 지원해 준 것에 감사한다. 아내는 모든 면에서 나를 더 좋게 만든다.

웨인(Wayne)···

사람들은 함무라비 법전 이후 리더십 책을 쓰고 있으며, 우리는 그들의 도움 위에 서있을 뿐이다. 그 도움을 무시하는 것은 무례하고, 모두 언급하는 것은 불가능할 것이다. 그러나 이 책이 집단 지혜를 더 해주길 바란다. 또한 아내 조안(Joan)의 변함없는 지원과 인내심에 감사하지 않을 수 없다.

원격 리더십

제 1판 1쇄 발행 | 2020년 10월 10일

지은이 | 케빈 아이켄베리, 웨인 터멜
옮긴이 | 임채곤
펴낸곳 | 바이탈경영교육원

주소 | 서울특별시 중구 다산로32, 5-320
연락처 | 02-525-3811~2
e-mail | cglim@vital.co.kr
등록 | 제 2020-000100 호

ISBN 979-11-959298-4-9 13320